Die weltweite Vernetzung von Computern, Institutionen, Menschen ist längst Realität. In seinem Film *Das Netz*, der 2004 auf dem »european media art festival« ausgezeichnet wurde, hat Lutz Dammbeck den Ursprüngen dieser Entwicklung nachgespürt. Seit den 1940er Jahren entstand aus Kybernetik, Multimediakunst, LSD-Versuchen und Systemtheorie die faszinierende Vision einer offenen, globalen und vernetzten Weltgesellschaft. Einer der bekanntesten Gegner dieser technologischen

Gesellschaft ist der so genannte Unabomber, der von 1978 bis 1995 durch eine Serie von Bombenanschlägen auf namhafte Wissenschaftler die USA erschütterte.

Dammbeck hat beeindruckende Dokumente zu Tage gefördert und Interviews mit den Protagonisten der Cyber-Elite geführt: dem Verleger John Brockman, den Informatikern Stewart Brand und David Gelernter, dem Physiker Heinz von Foerster u.a. Diesen Stimmen stellt er Briefe des hochbegabten ehemaligen Harvard-Mathematikprofessors Ted Kaczynski entgegen, der 1996 als mutmaßlicher Unabomber verhaftet und zu lebenslanger Freiheitsstrafe verurteilt wurde.

Im Anhang des Buches ist zum ersten Mal in deutscher Übersetzung das so genannte Unabomber-Manifest abgedruckt, das Ted Kaczynski im Jahr 2003 Lutz Dammbeck zur Verfügung gestellt hat.

Lutz Dammbeck, geb. 1948 in Leipzig. Studium an der Hochschule für Grafik und Buchkunst in Leipzig. 1986 Übersiedlung nach Hamburg. Maler und Filmemacher, seit 1999 Leiter einer Medienklasse an der Hochschule für Bildende Künste Dresden. *Das Netz* ist Teil der künstlerischen Auseinandersetzung Dammbecks mit den Zusammenhängen von Kunst, Macht, Wissenschaft und Philosophie, die er seit 1983 in einer Art Gesamtkunstwerk mit dem Titel HERAKLES KONZEPT reflektiert.

Die Website zu Film und Buch ist: www.t-h-e-n-e-t.com

Lutz Dammbeck

DAS NETZ – die Konstruktion des Unabombers

im Anhang:
Die industrielle Gesellschaft und ihre Zukunft (Unabomber-Manifest) von FC

Edition Nautilus

Editorische Notiz: Fotonachweis: Alle Abbildungen sind Szenenfotos aus dem Dokumentarfilm *Das Netz* von Lutz Dammbeck.
Das Interview mit Heinz von Foerster und die Briefe Ted Kaczynskis sind Bearbeitungen der deutschsprachigen Originalfassungen. Die Interviews mit John Brockman, Stewart Brand, Chris Garcia (Computermuseum), Robert Taylor, Butch Gehring, Chris Waits und David Gelernter sind Bearbeitungen der für die Untertitelung des Films *Das Netz* hergestellten Rohübersetzung der englischen Originalfassung von Lucinda Rennison und Edna McCown. Die deutsche Übersetzung der von Ted Kaczynski zur Verfügung gestellten englischen Fassung von *Industrial Society And Its Future* ist von Katharina Picandet.
Umschlaggestaltung: Maja Bechert

Edition Nautilus Verlag Lutz Schulenburg
Alte Holstenstraße 22 · D-21031 Hamburg

1. Auflage 2005 · Printed in Germany
www.edition-nautilus.de

1 2 3 4 5 · 09 08 07 06 05

ISBN 3-89401-453-9

Der Film
DAS NETZ

"Unser Leben entkam wie ein Vogel dem Netz der Jäger. Das Netz ist zerrissen, und wir sind frei!"
Psalm 124,7

"I visualize a time when we will be to robots what dogs are to humans, and I'm rooting for the machines."
Claude Shannon in 'Omni', August 1987

PROLOG

1930 erschüttert der Wiener Mathematiker Kurt Gödel mit seinen Unvollständigkeitssätzen die Grundlagen der Mathematik. Er weist nach, dass es in jedem formal-logischen System Probleme gibt, die nicht lösbar und entscheidbar sind. Die Wahrheit ist der Beweisbarkeit überlegen.

FLUG LH 404 FRANKFURT/MAIN – NEW YORK

Mit diesen Film bin ich in eine seltsame Sache geraten, einen der spektakulärsten Kriminalfälle der USA. Angefangen hatte es harmlos. Mir war aufgefallen, dass es im Umfeld meines neuen Computers von Begriffen wimmelte, die ich schon aus anderen Zusammenhängen kannte: "Multimedia", "Virtualität", Grenzüberschreitungen und Revolutionen aller Art, das gehörte auch

zum Programm einer in den 60er Jahren revoltierenden Kunst-Avantgarde, die alle Grenzen zwischen Kunst und Leben auflösen wollte: CHANGE NOW!
Pop- und Op-Art, Situationismus, Happenings, Künstler wie John Cage, Nam June Paik oder Andy Warhol, Bands wie Grateful Dead und Velvet Underground – das war ein Cocktail aus Revolte, Rock und Pop, der mich faszinierte. Die Botschaft war: alles ist möglich, Realität ist beliebig veränderbar, du bist, was du sein willst!
Merkwürdig, wie sich diese beiden Welten berührten, Computer und Kunst. Wieso verwendeten Künstler und Wissenschaftler beim Bau ihrer Maschinen anscheinend ähnliche Muster und Begriffe? Gab es ein geheimes Grundmuster oder System?

Bei der Recherche stoße ich auf den Verleger John Brockman. 1963 kommt er nach New York und startet eine Karriere als Investmentbanker. Doch abends verlässt er sein Büro in der Park Avenue und besucht die kleinen Avantgardetheater und Musikclubs rund um Saint Marks. Zusammen mit Charles Mingus Jr. und Sam Shepard arbeitet er nachts im kleinen Off-Theater Geneses als Assistent, stellt Stühle auf, kehrt den Saal und übernimmt andere Hilfsarbeiten. Doch er interessiert sich mehr für Film und Kybernetik als für Theater. So sucht und findet Brockman bald Kontakt zur New Yorker Multimediaszene um Dick Higgins, Jonas Mekas und Andy Warhol und gehört bald zu einer Gruppe junger Künstler und Intellektueller, die der Komponist John Cage regelmäßig zum Dinner einlädt. Reich

und berühmt wird Brockman in den 80er Jahren, als sich der Mix aus Multimediakunst und neuen Technologien zu einem Geschäftsfeld entwickelt. Brockman wird Agent für die Bücher von Physikern, Genforschern und Computerwissenschaftlern, die er wie Popstars vermarktet. Sein Verlag ist in den 90er Jahren Zentrum eines globalen Netzwerks von Wissenschaftlern, Künstlern und Medienmanagern, die er "Digerati" nennt – eine Cyberelite, die erfolgreich Multimedia, Computer und Geschäft miteinander verbindet. 1993 wird John Brockmans Netzwerk mit einem Bombenanschlag attackiert. Das Opfer ist der Computerwissenschaftler David Gelernter. Als Täter verhaftet das FBI drei Jahre später den ehemaligen Mathematikprofessor und Absolventen der Harvard-Universität, Ted Kaczynski.
Warum wird ein Mathematiker zum Terroristen?

5 EAST 59TH STREET, MANHATTAN, NEW YORK

John Brockman ist mein erster Gesprächspartner. 1963 kommt er nach New York und startet eine Karriere als Investmentbanker. Er empfängt mich und das Filmteam in seinem Verlag im obersten Stockwerk eines Penthouses in Midtown Manhattan in der Nähe des Central Parks.
Vom Balkon aus hat man einen Panoramablick über den Trump-Tower, das Plaza Hotel und die Wolkenkratzer Manhattans.

Bei der Kontaktaufnahme zu Brockman hilft mir die Empfehlung eines Berliner Verlegers, der ein Geschäftsfreund von John Brockman ist. Als er hört, dass ich mich für die frühen Zusam-

menhänge von Kunst und Technologie interessiere, ist Brockman sofort zu einem Interview bereit.
An den Wänden des Büros hängen Plakate und Fotos, die seine Zugehörigkeit zur New Yorker Kunstszene in den 60er Jahren dokumentieren. Auf einem der Fotos sieht man ihn mit Bob Dylan und Andy Warhol in dessen Factory. Ein Assistent Brockmans hat eine kleine Videokamera neben unserer Kamera aufgebaut und schneidet parallel das Interview mit. Auch wir drehen auf Videomaterial, statt wie ursprünglich geplant auf 35mm-Film. Wegen der verschärften Sicherheitsbedingungen und Kontrollen auf allen amerikanischen Flughäfen in Folge der Anschläge vom 11. September wird der Transport von belichtetem und unbelichtetem Filmmaterial innerhalb der USA von keiner Versicherung mehr gedeckt. Niemand kann garantieren, dass nervöse Zollbeamte nicht die Filmdosen öffnen würden, um den Inhalt zu kontrollieren.

Brockman: Eines Tages gehe ich im Central Park spazieren und spiele auf meinem Banjo, da läuft mir Jonas Mekas mit seiner 8mm-Kamera über den Weg und fängt an, mich zu filmen. Wir unterhielten uns, und einen Tag später war ich der neue Leiter der Filmmakers' Cinematheque und kündigte meinen Job als Banker. Mekas wollte ein Festival machen, wo der Film im Mittelpunkt stand, das aber auch andere Künste einbeziehen würde. Er machte ein paar Vorschläge, wir dachten darüber nach, und ich sollte es dann organisieren. Ich nannte es das *Expanded Cinema Festival*. Und ich ging zu Rauschenberg, Oldenburg, Nam June Paik, der Usco-Gruppe, Carolee Schneemann, ging zu Tänzern, Malern, Dichtern und Klangkünstlern. Die einzige Bedingung war, dass Film irgendwie im Kunstwerk vorkommen musste. Das Ergebnis war eine totale Neuordnung der Sinne. Du wusstest nicht genau, was du eigentlich gerade sahst.
Und all diese Leute experimentierten mit Medien, sie beschäftigten sich mit technologischem Zeugs. Wissen Sie, niemand sprach damals von Kybernetik, aber alle lasen McLuhan. Rauschenberg erzählte mir von McLuhan und: John Cage gab mir eine Ausgabe des Buchs *Cybernetics* von Norbert Wiener und sagte: "Das ist etwas für dich!" Weil er wusste, dass ich mich sehr für Theorien von Feedback und Nonlinearität interessierte.

Dann bekam ich einen Anruf von A. K. Salomon, der war damals Leiter der Biophysikalischen Fakultät in Harvard. Er hatte über das *Expanded Cinema Festival* gelesen und sagte: "Wissen Sie, wir haben hier diesen Haufen von Wissenschaftlern in Harvard und am M.I.T., und einige von uns würden gerne eine Gruppe Künstler einladen, ein paar Tage mit uns im Seminar zu verbringen und über gemeinsame Interessen zu sprechen." Er lud mich ein, das zu organisieren, was ich auch tat. Und dann nahmen sie uns mit, um den Computer zu besichtigen! Da war ein großer Raum, und alle in dem Raum trugen weiße Kittel, ihnen war kalt, und uns war kalt, und wir betrachteten den Computer. Mit all diesen Karten, Sie wissen schon, diesen Lochkarten. Und ich stand da wie ein kleines Kind, das die Nase gegen die Scheibe drückt. Und es war so aufregend, und ich hatte keine Ahnung wieso.

John Z. Young, ein Biologe aus Oxford, schrieb in seinem Buch *Zweifel und Gewissheit in der Wissenschaft*: "Wir schaffen uns Werkzeuge, und indem wir sie benutzen, formen wir unsere Sicht der Welt."
Ich las das 1964, und ich erkannte plötzlich, dass Realität nicht das ist, was wir glauben wie auf einer Bühne vor uns zu sehen, sondern diese Realität erfinden wir selbst. Wir erfinden Technologien, und dann verwandeln wir uns in diese Technologien. Das heisst: Dein Herz ist nicht WIE eine Pumpe, dein Herz IST eine Pumpe! Dein Gehirn ist nicht WIE ein Computer, dein Gehirn IST ein Computer! Und das geht noch weiter, dann bist du ein neuronales Netz, oder du bist ein Informationssystem!
Und bald erweiterten sich die Kreise. Also, da war Heinz von Foerster, der Sekretär der Weltvereinigung der Kybernetiker, da war Gregory Bateson, da war Stewart Brand. Alle diese Leute waren Autoren, so wie ich, und ich las ihre Bücher. Keiner in New York hatte eine Ahnung, dass da etwas im Gange war, dass da ein neues Bewusstsein und eine neue Geisteshaltung aufkamen. Und ich fragte mich, wie man diese Leute zusammenbringen konnte, verstehen Sie, um sie als Teile eines kollektiven Bewusstseins zu sehen.
Und das waren Bestsellerautoren, die vom Verlagswesen betrogen wurden. Also wurde ich von denen als Agent angeheuert, weil ich was von Geschäften verstand, und sie sagten: "Warum kümmerst du dich nicht um unsere Interessen? Das wird dich höchstens eine Stunde pro Tag kosten."
Und ich dachte, ja, das wäre eine nette Art, ein bisschen Geld zu verdienen, während ich selbst Bücher schrieb. Und fand ziemlich schnell heraus, dass ich auf einer Ölquelle saß, die ich nicht mehr abstellen konnte. Das ist jetzt dreißig Jahre her.

Dammbeck: Und wie kam es später zu Ihren berühmten "Millionärs-Dinners"?

Brockman: 1983 fuhr ich nach Las Vegas zur *Comdex Convention*, einer der wichtigsten Computermessen der Welt. Dort brodelte es vor Aufregung, nur trugen all diese Leute graue Anzüge und waren völlige Nerds, also Leute, mit denen ich eigentlich bisher nichts zu tun hatte – meine Welt waren die so genannten Revolutionäre aus der Gegenkultur und Künstler gewesen. Aber es war außergewöhnlich, und diese Leute dort waren dabei, die Welt zu verändern. So um 1984 oder '85 herum gab ich ein Dinner auf der Comdex, und irgendein Reporter sagte: "All Ihre Kunden hier, diese Hardware-Entwickler, die werden bald alle Millionäre sein." Also nannte er es das Millionärs-Dinner, das stand auf der Titelseite des *Wall Street Journal* und blieb so haften, und so gab ich jedes Jahr meine Millionärs-Dinners. Vor drei Jahren wurde uns bewusst, dass ungefähr zehn der Leute, die kamen, schon Milliardäre waren! Sie flogen alle ihre eigenen Jets, nicht kleine Jets, sondern große Jets, und so nannten wir es das Milliardärs-Dinner. Es war ein Ereignis, so etwas hatte ich noch nicht gesehen! Jeff Bezos kam rein, seine Aktien waren 19 Milliarden Dollar wert. Steve Case saß neben Nathan Myrvold – AOL/Microsoft –, die waren Erzrivalen zu der Zeit. Jeder hatte ein Dot.com-Unternehmen, und ein Jahr später war schon alles ganz anders. Wissen Sie, diese Dinge kommen und gehen, man sollte sich davon nicht verrückt machen lassen. Aber die Wissenschaft wird bleiben, die Wissenschaft wird nicht verschwinden. Und die Wissenschaft hat unser ganzes Leben revolutioniert, wissen Sie, und das wird noch lange nicht aufhören.

Dammbeck: 1993 wurde Ihr Netzwerk, über das wir gerade sprachen, angegriffen. David Gelernter, einer Ihrer berühmtesten Autoren, erhielt eine Briefbombe des so genannten Unabombers.

Brockman: Richtig.

Dammbeck: Was denken Sie, weshalb wurde Gelernter als Ziel ausgewählt?

Brockman: Dieser kriminelle Verrückte las wahrscheinlich die *New York Times*. Eine Menge Leute, die er als Angriffsziele aussuchte, waren Leute, die John Markoff dort portraitiert hatte. Von Gelernter gab es 1991 eines der größten Portraits, die je in der *New York Times* veröffentlicht wurden, und ich bin sicher, das hatte etwas damit zu tun.

Dammbeck: Aber der Unabomber studierte in Harvard und war ein Mathematiker ...?

Brockman: Ja, und er ist ein kranker Krimineller. Ich möchte keine ernsthafte Diskussion über diesen Kerl führen. Wissen Sie, er ist es nicht wert.
Ich denke, er ist ein Typ, der so ein Manifest geschrieben hat, das kein Verlag veröffentlichen wollte, weil es so schlecht und so platt geschrieben ist. Und um es in die Öffentlichkeit zu bringen, hat er Leute umgebracht – Ende der Geschichte. Man kann über Umwelt und Wissenschaft diskutieren, aber man muss niemanden umbringen, um seinen Standpunkt zu vertreten. Ich möchte ihn nicht aufwerten, indem wir weiter darüber sprechen. Lassen Sie uns das Thema wechseln.

EASY INTERNET CAFÉ, 234 WEST 42ND STREET, MANHATTAN, NEW YORK

John Brockmans harsche Reaktion auf meine Frage nach Ted Kaczynski überrascht mich. Was ist das für ein Manifest, das er erwähnt?

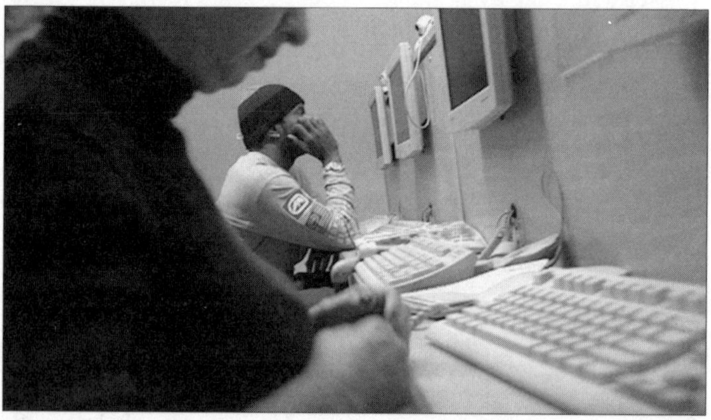

Bei der Recherche in einem der vielen Internetcafés New Yorks finde ich bei Google neben unzähligen Beiträgen zum Suchbegriff "Ted Kaczynski + Manifest" auch Hinweise auf eine Serie von Bombenanschlägen, die zwischen 1978 und 1995 die USA erschüttert.
Drei Menschen sterben und 23 werden zum Teil schwer verletzt. Ziel der Bomben sind Manager großer Fluggesellschaften und Wissenschaftler verschiedener Eliteuniversitäten. Die Fahnder des FBI gehen von einem intelligenten Einzeltäter aus,

dem sie den Codenamen "Unabomber" geben, das Computerkürzel aus "Universities" und "Airlines". 1995 erhalten die *New York Times* und die *Washington Post* Briefe, in denen eine bis-

her unbekannte Terrorgruppe "FC", die Abkürzung für "Freedom Club", die Veröffentlichung eines Manifests fordert und dafür die Einstellung der Anschläge anbietet.
Mit Genehmigung des FBI erscheint am 2. August 1995 der Vorabdruck des 56-seitigen Manifests mit dem Titel *Industrial Society And Its Future* und führt zur Verhaftung des ehemaligen Mathematikprofessors Ted Kaczynski. Dessen Bruder David glaubt, nach der Lektüre Zitate seines Bruders Ted zu erkennen und verständigt auf Drängen seiner Frau das FBI. 1996 verhaftet das FBI Ted Kaczynski in der Wildnis Montanas, wo er 25 Jahre in einer selbst gebauten Hütte gelebt hatte.

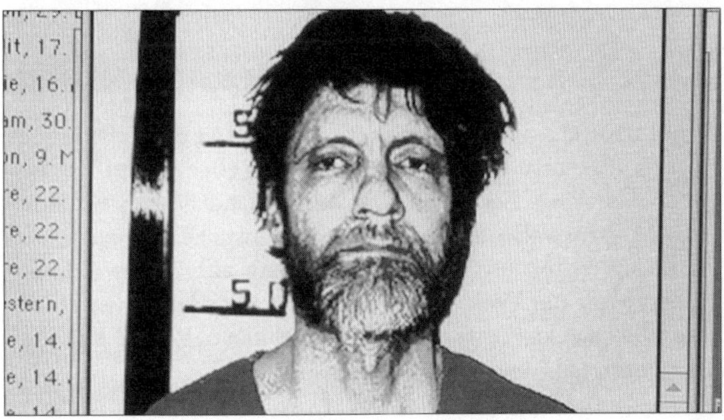

3E GATE FIVE ROAD, SAUSALITO, KALIFORNIEN

Mein nächster Gesprächspartner ist John Brockmans Freund und Klient Stewart Brand. Wir treffen uns in Sausalito, einem ehemaligen Fischerdorf in der Nähe San Franciscos. Stewart Brand gehört in den 60er Jahren zu einer Szene von Hippies und Künstlern, die auf einer Hausbootsiedlung am Rande Sausalitos leben. Eine zentrale Figur dieser Szene ist der Schriftsteller Ken Kesey. 1960 ist Kesey eines der studentischen Versuchskaninchen, an denen im Auftrag der amerikanischen Regierung LSD getestet wird. Später ist er mit Musikern und der Theatergruppe Merry Prankster "on the road", um bei sogenannten "Acid Tests" für LSD und andere Drogen zu werben, die das Bewusstsein in ein offenes System verwandeln – eine alternative Form von Kybernetik. Stewart Brand war einer dieser alternativen Kybernetiker und hat noch heute in Sausalito ein kleines Büro und Atelier. Das Atelier ist ein kleines ebenerdiges Gartenhaus, vor dem ein altes Hausboot steht, in dem

Brand seine Computer installiert hat. Brand ist der Erfinder des Begriffs "Personal Computer" und in den 60er Jahren Herausgeber des *Whole Earth Catalog*, eines Versandkatalogs für alternative Lebensweise. In den 80er Jahren installiert er auf einem Hausboot im Hafen Sausalitos das erste alternative Computernetzwerk der Welt, The Well. In den 90er Jahren ist er Berater für die kalifornische Computerindustrie. Wie kommen Computer, LSD und Hippies zueinander?

Brand: 1960 und '61 war ich Leutnant der US Army in Fort Dixon in New Jersey. An den Wochenenden ging ich oft zur Lower East Side von New York und traf mich mit Künstlern. Ich hatte schon zwischen 1959 und '60 in San Francisco angefangen, mit Künstlern zu verkehren. John Brockman gehörte dazu, ein Typ namens Steve Durkey, der Dichter Gerd Stern und eine Gruppe von Künstlern und Ingenieuren, die sich gerade gegründet hatte und Usco nannte, das stand für "US company". Es war die Zeit von Kunst und Technologie, es gab Pop-Art und Op-Art und solches Zeugs. Künstler und Wissenschaftler beobachteten einander und guckten, ob sie nicht Dinge zusammen tun könnten, die Spaß machen würden. Es gab mehrere Museen, von denen wir eingeladen wurden, das Jüdische Museum in New York gehörte dazu, und schließlich haben wir im Riverside Museum eine so genannte "environmental art"-Show eingerichtet. Ich habe ein Musik-Tape dafür gemacht, das war wohl so um 1963. Darüber gab es eine Titelgeschichte im *Life Magazine*, die nannten es "LSD-Art". Das war so eine kurze tolle Zeit, als Ingenieure, ein paar Wissenschaftler und junge Künstler Spaß daran hatten, Dinge zusammen zu machen.

Ken Kesey lernte ich durch Indianer kennen. Ich war zu der Zeit Fotojournalist, und durch einen Freund erhielt ich den Job, Indianer in der Warm Springs Reservation in Oregon zu fotografieren. Also fotografierte ich diese Typen und dachte, das ist ein wirklich interessantes, anderes Amerika, das ich bisher nicht kannte und das mich sehr bewegte.

Dann erschien Keseys Buch *Einer flog über das Kuckucksnest*, in dem eine Figur vorkommt, die Häuptling Broom heißt. Und Häuptling Broom wurde als ein Indianer aus dem Reservat dargestellt, wo ich fotografiert hatte. Das berührte mich sehr und bestätigte mir, was ich schon selbst gefühlt hatte, nämlich dass Indianer wichtig waren. Durch einen gemeinsamen Freund bekam ich Keseys Adresse und schickte ihm meine Fotos. Und er antwortete mit einer Notiz: Komm vorbei! Das tat ich und wurde ganz selbstverständlich willkommen geheißen und mit einbezogen.

"Being on the bus", das hieß von Acid-Test zu Acid-Test zu fahren, was Keseys Form von Performance-Kunst war. Eine Band war mit dabei, die Warlocks, die späteren Grateful Dead. Einige Leute der Gruppe waren ehemalige Army-Angehörige, so wie ich, einige von ihnen waren Künstler. Und alles war extrem improvisiert.

Dammbeck: War es ein mobiles Laboratorium?

Brand: Ja. Für Kesey war es das sicher. Er sagte, die Wissenschaftler sprechen davon, "Versuche" zu machen, aber wir betreiben "Suche". Und wenn wir nicht Steine kochen und dann dieses Wasser trinken, woher sollen wir wissen, ob uns das nicht stark macht? Und wir kochten Steine, das heißt, wir probierten jedes verdammte Ding aus. Und da waren ziemlich interessante Experimente dabei. Eins davon zum Beispiel war: einen Gartenschlauch zu nehmen – also da saßen ungefähr 15 Leute rum, hauptsächlich stoned – also einen Gartenschlauch zu nehmen, ihn in Stücke von je drei bis vier Metern zerschneiden, alle zu einem Knoten zusammenzubinden, zwei Enden nehmen, in eines der Enden zu sprechen, und in ein anderes hineinzuhören.

Du hörtest was, aber wusstest nicht, mit wem du sprichst. Und das passierte mit einer Gruppe von fünfzehn Leuten. Nur um zu sehen, was passiert. Das war "Suche".

Dammbeck: Und wie kam es dann zum *Whole Earth Catalog*?

Brand: Das *Whole Earth Catalog*-Projekt hatte eindeutig diesen Bezugsrahmen, aber konkret entstand es durch einen LSD-Trip. Ich hing mit etwa 200 Mikrogramm LSD intus auf einem Hausdach rum, weil ich nichts Besseres zu tun hatte, und dachte über eine Vorlesung von Buckminster Fuller nach, die ich kurz vorher gehört hatte. Fuller, wie McLuhan, gehörte zu den Leuten, denen wir damals zuhörten. Ich war also oben im zweiten Stock – körperlich, chemisch sicher noch höher – und schaute auf die Innenstadt von San Francisco. Ich hatte eine Wohnung in North Beach und glaubte zu sehen, dass die Gebäude in San Francisco nicht parallel zueinander standen, sondern leicht auseinandergingen, weil sie auf der gewölbten Erdoberfläche stehen. Und ich dachte, wenn ich höher gehe, wird das deutlicher werden, und wenn ich noch höher gehe, noch deutlicher, bis man hoch genug ist, um zu sehen, wie sich die Erdoberfläche wieder schließt, und dann würde man sehen, dass die Erde keine Insel ist. Denn Buckminster Fuller hatte gesagt: Jeder glaubt, dass die Erde flach und unendlich ist und wir unbegrenzt Rohstoffe verwenden können und unbegrenzte Reserven haben, aber das stimmt nicht. Und dort, in diesem Augenblick, habe ich mir diese Idee mit den Ansteckbuttons ausgedacht, die die ganze Erdkugel zeigen – die wir dann für 25 Cent das Stück verkauften. So wurde "the whole earth" für mich eine Referenz, im Frühling 1966, und als ich ab Herbst 1967 oder Frühling 1968 an einem Versandkatalog arbeitete, kam eines Tages der Typ, der mein komisches Projekt gewissermaßen beschützte, Dick Raymond, vorbei und fragte mich: "Wie willst du das Ding nennen?" Und ich sagte: "Ich weiß nicht, *Whole Earth Catalog* oder so", weil ich immer noch auf diesem Trip war, dass ich diese NASA-Fotos von der Erde im Weltall haben wollte, die damals noch nicht öffentlich zugänglich waren. Und so ist der *Whole Earth Catalog* gewissermaßen ein gemeinsames Produkt von Buckminster Fuller und LSD.

Also, wir hatten "the whole earth", wir hatten Leute wie Buckminster Fuller und später Gregory Bateson oder Marshall McLuhan ... Norbert Wiener war im Heft, auch von Cage war ein bisschen was drin. Die ersten Leser und Kunden kamen aus Kommunen, das waren also Leute, die eine neue Gesellschaft aufbauen wollten. Und ich versuchte, dafür das Werkzeug bereitzustellen. Und es stellte sich heraus, dass eine Menge Leute daran interessiert war.

Diese Kommunen, die versuchten, zu den Ursprüngen zurückzukehren, Sie wissen schon, Landwirtschaft und solche Sachen, die hatten damit wirklich gute Erfolge. Sie lernten ernsthaft, Landwirtschaft zu betreiben.

Ein Buch, das wir über den *Whole Earth Catalog* vertrieben, hieß *Ziegenhaltung*, und war ein sehr beliebtes Buch. Hol dir das Buch, hol dir ein paar Ziegen und mach es einfach – Milch und was immer du willst. Aber das führte dann nicht sehr weit. Es war im Grunde eine Art Sackgasse wie Drogen. Während manche Technologien, zum Beispiel die zur alternativen Energiegewinnung, sehr vielversprechend waren. Langsam ging es mit Solarenergie los, das wächst ja heute noch, ebenso mit Computertechnologie. Und weil der Gegenkultur-Hippie-Bezugsrahmen für alle möglichen Außenseiter offen war, zog das auch die Computerfreaks und Hacker an und wurde zu deren Bezugsrahmen.
Und dann wurde das in einer wirtschaftlich erfolgreichen Variante auch die Basis für PCs und für jedermann zugängliche Software, dann für das Internet und das World Wide Web und so weiter und so fort. Und deshalb ist für mich das Haupterbe der Sechziger: alles, was mit Computern zu tun hat, als offenes System zu begreifen.

Dammbeck: Sie boten in Ihrem Katalog zwei sehr unterschiedliche Wege an. Zum einen, wie benutze ich einen Computer, und zum anderen, wie baue ich mir eine Hütte in der Wildnis im Stile Thoreaus, einer der amerikanischen Ikonen. Das hieß, Konzepte sowohl für Technologie wie für Antitechnologie in einem Buch anzubieten. Gab das nicht Konflikte, auch mit Ihren Lesern? Was war damals Ihre Position?

Brand: Wir landeten auf einer Seite des Konflikts zwischen Technologie und Antitechnologie, wir landeten auf der Seite von Technologie. Hauptsächlich wegen der Theorie, dass Technologie einzusetzen heißt: greif zu, lass es einfach laufen, und tu, was immer du willst, mit dieser Technologie. Tu damit, was du für richtig hältst. Wenn es so läuft und diese Technologien grundsätzlich demokratisiert werden, werden sie o.k. sein. Wenn man aber nur sagt: oh, sie sind sehr, sehr böse, und deswegen rühre ich sie nicht an, dann lässt man Technologien die totale Freiheit, so böse zu sein, wie sie wollen.
Sie wissen sicher, einer der Thoreaus Hütte nachbaute, war der Unabomber, Ted Kaczynski. Der sagte: Technologie ist böse, böse, böse, und ich werde das beweisen und einige der Leute umbringen, die so etwas erfinden. Das führt uns dann zu Bill Joy, der sagt: Moment mal, Ted Kaczynski hat in einigen Dingen Recht! Man liest seine Sachen, und die enthalten manche vernünftige Kritik, die wir ernst nehmen sollten. Was ist denn, wenn wir Waffen und Massenvernichtungswaffen demokratisieren? Ist das eine gute Sache? Es ist o.k., PCs und das Internet zu demokratisieren, aber was ist mit Waffen und Massenvernichtungswaffen? Das ist eine gute Frage, die uns am Anfang des 21. Jahrhunderts beschäftigt. Ich denke, wir werden das irgendwann regeln, aber es ist eine wichtige Frage.
Kaczynski sagte einfach: Die Gesellschaft geht hier in eine gefährliche Richtung, und ich will alles tun, um das zu verhindern. Und er hat sich Gehör verschafft. Durch Gewalt zwar, aber er wurde gehört.

BOUND TOGETHER BOOKSTORE, LOS ANGELES, KALIFORNIEN

Unabomber, Thoreau, eine selbst gebaute Hütte, anti-technologischer Fundamentalismus, Bill Joy, die Entwicklung von Computern – offensichtlich gibt es zwischen all diesen auf den ersten Blick so disparaten Dingen einen Zusammenhang, der mich mehr und mehr interessiert.
Bei der Rückfahrt vom Interview mit Stewart Brand entdecke ich am unteren Ende von Haight-Ashbury, dem ehemaligen Mekka der LSD- und Hippiekultur, zwischen Tattoostudios und heruntergekommenen Rock-Cafés einen Buchladen mit vorwiegend anarchistischer Literatur.

An der Wand hängt eine DDR-Fahne mit der Signatur: Gruß von den Anarchisten aus Weimar! Neben Büchern von Noam Chomsky, Henry David Thoreau, Peter Kropotkin und Ausgaben der Zeitschrift *Green Anarchy* finde ich auch, wonach ich suche: *Die industrielle Gesellschaft und ihre Zukunft* von "FC".

"Die industrielle Revolution und ihre Folgen sind katastrophal für die Menschheit. ... Deshalb treten wir für eine Revolution gegen das industrielle System ein." Anhaltender wissenschaftlich-technischer Fortschritt wird die Freiheit des Individuums vernichten. Es wird bald keinen Ort mehr geben, wo sich ein Individuum vor der Überwachung durch Supercomputer und Bewusstseinssteuerung verstecken kann. ...
Es wäre hoffnungslos, das System anzugreifen, ohne selbst moderne Technologie einzusetzen. Wir müssen alle Medien nutzen, um unsere Botschaft zu verbreiten: Natur ist der Technologie entgegengesetzt und die perfekte Alternative zu diesem System. ... "Je eher dieses System zusammenbricht, desto besser für die Menschheit."

Der Text ist spannend, wirft aber viele neue Fragen auf. Was bringt einen Wissenschaftler dazu, Technologie als eine tödliche Gefahr für die Menschheit zu betrachten? Als in Harvard ausgebildeter Mathematiker ist Kaczynski Insider und sicherer Anwärter für einen Aufstieg im wissenschaftlichen Establishment. Was ist der Grund, dass er in den siebziger Jahren die Seite wechselt und aussteigt? Im Internet finde ich die Adresse von Ted Kaczynski. Er sitzt in einem Hochsicherheitsgefängnis in der Nähe der Kleinstadt Florence im Bundesstaat Colorado. Ich beschließe, ihm zu schreiben.

FLORENCE, COLORADO

Sehr geehrter Herr Dammbeck,
vielen Dank für Ihren Brief und Ihre Fragen, die ich versuchen werde zu beantworten. Ich nutze diese Gelegenheit, um meine Kenntnisse der deutschen Sprache zu verbessern. Ich bin kein Wissenschaftler. Vor dreißig Jahren war ich Mathematiker, aber ich habe den größten Teil von dem, was ich über die Mathematik wusste, vergessen.
Ich meine, dass Utopien wahnsinnig und gefährlich sind, besonders die von einer technologischen Gesellschaft. Die Technologie ist eine ganz eigenwillige und äußerst gefährliche Macht, die uns dahin führt, wohin sie uns führen muss.
Das wird weder durch den Zufall, noch die Willkür arroganter Bürokraten, Politiker oder Wissenschaftler bestimmt, sondern das technologische System muss einfach menschliches Verhalten seinen eigenen Erfordernissen anpassen. Das ist notwendig, damit es funktionieren und sich immer weiter ausdehnen kann.
Sie fragen mich auch einiges zum Manifest. Alle veröffentlichten Versionen des Manifests sind unrichtig, denn sie enthalten schwerwiegende Fehler. Wenn Sie eine richtige Version des Manifests bekommen wollen, kann ich sie Ihnen liefern. Sie können mir auch weiter auf Deutsch schreiben.
Ihr ergebener Ted Kaczynski

M.I.T. ARCHIV, CAMBRIDGE, MASSACHUSETTS

Wie entsteht eine Utopie? Entsteht so etwas zufällig, gibt es einen oder mehrere Erfinder, oder gibt es einen Plan?
Recherche und Drehplan führen mich nach Cambridge. Hier residieren mit dem M.I.T. und der Harvard University zwei mächtige und einander ergänzende Teile einer Wissenschaftsmaschine, die neue Technologien sowohl entwickelt als auch von ihnen angetrieben wird.

Am M.I.T. wird die Elite amerikanischer und internationaler Ingenieure und Wissenschaftler ausgebildet. Das M.I.T. ist auch Vorreiter für eine enge Partnerschaft zwischen dem Militär und den Universitäten. Diese Zusammenarbeit beginnt im Ersten Weltkrieg und setzt sich im Zweiten Weltkrieg fort, als Technologie kriegsentscheidend wird.
Am 13. August 1940 eröffnet die deutsche Luftwaffe die Schlacht um England. Kurz nach Beginn der deutschen Angriffe bietet der 1886 in Chicago geborene Mathematiker und Physiker Norbert Wiener der US-Regierung sein Wissen für den Abwehrkampf gegen den Faschismus an.

Wiener lehrt am M.I.T. als Professor für Mathematik und hatte sich schon im Ersten Weltkrieg mit Fragen der Ballistik und Artillerie beschäftigt: Wie kann man eine Maschine bauen, die

Bewegungen von Jagdfliegern im Voraus berechnet, um diese dann abschießen zu können?
Wiener muss dabei das Wesen des technisierten Krieges berücksichtigen, wo Menschen, Schiffe und Flugzeuge auf dem Radarschirm nur mehr abstrakte weiße Punkte und Zeichen sind: Der Pilot verschmilzt mit seiner Maschine, die Grenze zwischen Mensch und Maschine verwischt, und es entsteht ein anonymes, mechanisiertes Gegenüber, dessen Handlungen nun in den Kriegslaboratorien modelliert und berechnet werden.
Obwohl Wieners Maschinen bis Kriegsende nicht einsetzbar sind, entwickelt er davon ausgehend das Modell einer neuen Wissenschaft, die als Kybernetik bekannt wird.
Kybernetik beschäftigt sich mit der Frage, wie Nachrichtenübertragung in Maschinen und Lebewesen funktioniert. Basis der Kybernetik ist die Annahme, dass das menschliche Nervensystem Realität nicht abbildet, sondern errechnet. Der Mensch erscheint nun als ein informationsverarbeitendes System, das Denken als Datenverarbeitung und das Gehirn als eine Fleischmaschine. Das Gehirn ist nicht mehr der Ort, an dem sich auf geheimnisvolle Art und Weise das "Ich" und "Identität" durch Erinnerung und Bewusstsein bilden. Es ist eine Maschine, die aus Schalt- und Regelkreisen, aus Rückkopplungsschleifen und Kommunikationsknoten besteht. Eine Black Box, in der in einem Kreislauf die Ursache Wirkung und die Wirkung Ursache ist. Ein geschlossenes Rückkopplungssystem mit In- und Output, den man berechnen und kontrollieren kann. Nicht mehr wie bisher ausgehend von Naturanschauung, sondern von unbezweifelbarer Mathematik und Logik.
Wieners Zukunftsvision von einer kommenden kybernetischen Gesellschaft liefert für den neuen politisch-militärischen Status der USA als Supermacht die wissenschaftliche Legitimation. Kybernetik wird zur neuen globalen Leitwissenschaft, die fortan unter wechselnden Etiketten weiterentwickelt wird. Aus einer Theorie wird weltweite Praxis.

FLORENCE, COLORADO

Sehr geehrter Herr Dammbeck,
weil ich jetzt ein wenig mehr Zeit habe, setze ich meine Antwort auf Ihren Brief fort. Sie fragen, "Wie soll eine nach-technologische Gesellschaft aussehen?" Nun, wenn alle moderne Tech-

nologie abgeschafft ist, wissen wir nur, dass es keine Biotechnologie, keine Computer, keine Atombomben usw. mehr gibt. Bleiben wir bei dem, was praktisch und konkret ist. Gefiele es Ihnen, wenn die Menschen in einer virtuellen Welt leben? Dass Maschinen klüger sind als Menschen?
Dass Menschen, Tiere und Pflanzen künftig Produkte von Technologie sind? Wenn Ihnen das nicht gefällt, ist für Sie die Computer- und Biowissenschaft offensichtlich gefährlich. Das ist sehr einfach und steht nicht in Beziehung zur Moral, zum Unvollständigkeitssatz von Gödel oder anderen abstrakten philosophischen Fragen.
Sie haben angeboten, etwas zu schicken, was mir Freude macht. Dieses Angebot nehme ich gerne an. Mein deutsches Wörterbuch ist klein, schlecht und zerlumpt. Es würde mir Freude machen, ein gutes deutsch-englisches Wörterbuch zu erhalten. Aber Sie dürfen keines mit hartem Einband schicken.
Ihr ergebener Ted Kaczynski

COMPUTERMUSEUM IM NASA AMES RESEARCH CENTER MOUNTAIN VIEW, KALIFORNIEN

Fahrt auf der Bundesstraße No. 101 durch das Silicon Valley, von San Francisco über San Mateo an Palo Alto vorbei nach Mountain View. In der kargen, braun verbrannten Landschaft funkeln die silbern glänzenden Industrieviertel der Hightech-

Industrie in der kalifornischen Sonne. Nächster Drehort ist eines der größten Computermuseen der Welt. Hier werden die

historischen Computer-Maschinen gesammelt und restauriert, die nach den Blaupausen von Norbert Wiener und anderen Visionären einer kybernetischen Gesellschaft entwickelt und gebaut wurden. Der eigentliche Vater dieser Maschinen ist der Krieg, zunächst der "heiße", später dann der "kalte" Krieg.
Nach dem Zweiten Weltkrieg erleben die USA einen Schock, als ihre Aufklärungsflugzeuge Atombombenversuche in der UdSSR entdecken.
Die Experten der US Air Force analysieren, dass das bestehende Luftverteidigungssystem der USA zu geringe Sicherheiten bei einem eventuellen Angriff sowjetischer Langstreckenbomber bietet, die unter dem Radar hinweg die USA mit Atombomben angreifen könnten. Deshalb schlagen sie der amerikanischen Regierung die Automatisierung des Verteidigungssystems durch Computer vor.
Elektronische Großrechner sollen die Daten von vielen kleinen, dicht beieinander liegenden Radarstationen auswerten, die ein lückenloses Netz über die USA spannen. Nach Auswertung der Daten könnten dann Abfangjäger oder Raketen starten, um auf den Angriff zu reagieren.
Der Name dieses Systems ist SAGE: Semi-Automatic Ground Environment Air Defense System, bei dem die menschlichen Operateure nur noch *ein* Teil eines weltumspannenden Waffensystems sind. Teile von SAGE, das im Original vier Stockwerke eines großen Gebäudes einnimmt, gehören auch zur Sammlung des Museums in Mountain View, das sich auf einem ehemaligen NASA-Versuchsgelände befindet.

Museumsführer: Nachdem der Zweite Weltkrieg vorbei war und wir unsere Aufmerksamkeit im Kalten Krieg den Russen zuwandten, brauchten wir etwas, um unseren Luftraum zu schützen, um damit dem Volk der Vereinigten Staaten ein Gefühl der Sicherheit zu geben. Und da kam SAGE ins Spiel. SAGE ist der größte Computer, der je hergestellt wurde, und was Sie hier sehen, ist nur ein Teil davon, denn wir haben nur etwa 10 Prozent einer SAGE-Maschine.
Die erste Anwendung von Modems in größerem Maßstab fand in dieser Maschine statt. Man sah auf dem Bildschirm einen Punkt, der sich bewegte, und man konnte dem Computer die Eigenschaften dieses Flugobjekts mitteilen, indem man mit der Lichtpistole darauf klickte.

Das Ganze war ein dezentrales Netzwerk. Wenn also eine Bombe einen der Netzknoten erwischen sollte, konnte man immer noch die Inputs von einer anderen Station aus kontrollieren. Alles war sehr durch die ersten Konzepte des sogenannten Arpanet beeinflusst. Also von der Idee, das gesamte Netzwerk am Laufen zu halten, auch wenn man einen der Netzknoten verlor. Das Arpanet war zwar als eine Art Kommunikationsmöglichkeit für die akademische Ebene entworfen worden und SAGE zur Verteidigung, aber das Arpanet und die Leute von Arpa waren von dieser Maschine sehr stark beeinflusst. Viele frühe Netzwerk-Konzepte begannen mit SAGE, auch weil zu der Zeit ungefähr zwei Drittel der Programmierer in der ganzen Welt an dieser Maschine arbeiteten.

Wenn eine Information vom Radar kam, musstest du hier mit der Lichtpistole anzeigen, was im Anflug war. Dann konntest du Abwehrjets hin- und herdirigieren oder sogar Bodenraketen abfeuern. Man hatte auch die Möglichkeit, andere Luftsektoren anzuwählen und deren Flugraum ebenfalls zu kontrollieren. Und wenn man da reinzoomen und mit einer bestimmten Division operieren wollte und den Zugang dafür hatte, zeigte dir der Computer ein Kontrollbild davon. Das war ein sehr, sehr fortschrittliches Luftabwehrsystem. Hier sehen Sie die Schalter für "Standby", "Aus", "An", oder man konnte auch nur die Lüftung laufen lassen. Außerdem hatte man auch einen Zigarettenanzünder und einen Aschenbecher. Das Rauchen half, nicht verrückt zu werden.

1 STADLER ROAD, WOODSIDE, KALIFORNIEN

Wie werden aus einzelnen Computern weltweite Computernetze? Das ist die Aufgabe, an der Ende der 60er Jahre der ehemalige NASA-Ingenieur Robert Taylor arbeitet. Taylor gehört zu den jungen Ingenieuren und Wissenschaftlern, die von Norbert Wieners Kybernetik und den ersten Computern begeistert sind. Von der NASA wechselt der Raketenspezialist bald als Wissenschaftsmanager ins Pentagon. Dort kann er entscheiden, wie viel Geld die Laboratorien der Universitäten, Firmen oder einzelne Wissenschaftler für ihre Forschungsprojekte vom Verteidigungsministerium erhalten. Er entscheidet, wer dabei ist und wer nicht. Das unter seiner Leitung in den 70er Jahren entwickelte Arpanet ist die Urform des heutigen Internets und aller Kommunikationsnetze für das vollelektronische Schlachtfeld der Gegenwart.

Taylor bewohnt mit seiner japanischen Freundin ein Apartmenthaus auf einer Anhöhe in der Nähe von Menlo Park, von der man einen weiten Blick über das Silicon Valley und den Campus der Stanford-Universität hat. An den Wänden seines Arbeitszimmers hängen neben der Urkunde über seine Ehrenmitgliedschaft bei den San Francisco 49ers zahlreiche Medaillen der National Science Foundation. Ein Plakat mit dem Titel "The Creators" zeigt ihn bei der Jubiläumsfeier zum 25. Geburtstag des Arpanet 1994 in Boston. Um ihn herum ist alles versammelt, was in der Welt der Computernetzwerke Rang und Namen hat: Vint Cerf, Bob Kahn, Wes Clark, Doug Engelbart, Len Kleinrock und Larry Roberts.

Während die Kamera aufgebaut wird, setzt sich Taylor an seinen PC und testet die neueste Ausgabe des Computerspiels Civilization 3. Zu dessen Erfinder Sid Meier und einigen Programmierern der Firma Firaxis Games hat er gute Kontakte.

Taylor: Ich habe mich auf dem College schon ein bisschen für Computer interessiert, aber es gab damals noch keine Computerwissenschaft. Es gab keinen Studiengang oder so etwas, den man wählen konnte. Aber als ich für die Raumfahrtindustrie gearbeitet habe, war ich Systemingenieur für ein Waffensystem, für das man Computer brauchte. Das war toll, so musste ich die verstehen lernen. Als ich dann zu einem Unternehmen ging, das Flugsimulatoren herstellte, brauchte ich das natürlich auch, denn Flugsimulation wird von Computern gemacht. Als ich schließlich zur NASA kam, lernte ich Doug Engelbart kennen, der bei SRI an der Stanford-Universität für die NASA die Computer-Maus entwickelte, was von mir unterstützt und finanziert wurde. Und so hatte ich wieder mit Computern zu tun. Und als dann der berühmte Computerwissenschaftler J.C.R. Licklider 1962 zu Arpa kam, verbrachte ich viel Zeit mit ihm. Wir waren beide in Washington, ich bei der NASA, er bei Arpa. Er war, bevor er zur Computerwissenschaft wechselte, ein weltberühmter Psychoakustiker. Und das hatten wir gemeinsam, denn ich hatte vorher auch Psychoakustik studiert. Von ihm erfuhr ich einiges über das Arpa-Programm, und Licklider hoffte, ich würde die NASA verlassen und dieses Projekt übernehmen – die Entwicklung des Arpanet.

Dammbeck: Was war Arpa für eine Organisation?

Taylor: Arpa wurde 1957, oder vielleicht auch 1958, gegründet und war eine Reaktion auf den Sputnik, sie wissen schon, dieser erste russische Satellit. Der Sputnik startete im Oktober 1957 und hat die Vereinigten Staaten sehr überrascht. Wir waren überhaupt nicht darauf vorbereitet. 1958, also ein Jahr nach dem Start des Sputnik, bat Präsident Eisenhower das Verteidigungsministerium, eine spezielle Behörde namens Arpa einzurichten, die "Advanced Research Projects Agency", also eine Behörde für sehr anspruchsvolle Forschungsprojekte. In der Hoffnung, hier Projekte zu entwickeln, die so vorausschauend

waren, dass wir nicht noch einmal so überrascht werden würden wie dieses Mal von den Russen.
Die ersten Arpa-Programme hatten alle mit dem Weltraum zu tun, nicht mit Computerforschung. Dann wurde 1960 von Präsident Kennedy die NASA ins Leben gerufen, und alle Programme der Weltraumforschung wurden an die NASA übergeben. Damit hatte Arpa ab 1961 oder 1962 die Möglichkeit, sich um andere Sachen zu kümmern. Und eine Sache, um die sie sich kümmern wollten, war Computerforschung.
Also, die Politik meiner Abteilung bei Arpa und auch die anderer Abteilungen bei Arpa war: Findet Leute mit wirklich großen und gewagten Ideen, die ihr trotzdem für realistisch haltet. Und wenn sie dann funktionieren, wird sich das auszahlen. Anstatt nur kleine Ideen zu fördern, die auch nur ein kleines bisschen Gewinn bringen. Also begann Arpa Forschungsprojekte in der Computerforschung, in der Materialforschung oder in der Verhaltensforschung. Und von all den Projekten hat sich wohl die Computerforschung am meisten ausgezahlt, wegen all der Dinge, die sich später daraus entwickelt haben.

Dammbeck: Das Prinzip, nach dem Sie vorgingen, war "Networking"?

Taylor: Ja, genau. Sehen Sie, es lief so: Wenn Sie auf diesem Gebiet eine Idee haben, zum Beispiel wie man Computer einfacher oder schneller machen kann oder was auch immer, senden Sie Arpa Ihr Forschungskonzept. Arpa wird es sich anschauen und entscheiden, ob es gefördert wird oder nicht.
Aber natürlich ging ich auch nach außen und habe Leute angesprochen und ihnen erzählt, was wir suchten. Ich und Arpa haben der Forschergemeinde gesagt: "Das und das werden wir machen. Und wenn ihr mitmachen wollt, werden wir euch Geld geben." Anstatt den Forscher zu bitten, uns vorzustellen, was er machen will. Das ist eine ganz andere Vorgehensweise. Und auf diese Weise wurde das Arpanet gebaut.

Dammbeck: O.k., Sie hatten nun Wissenschaftler, Laboratorien, Büros und Firmen. Können Sie für mich mal aufzeichnen, wie daraus dann ein Netzwerk entsteht?

Taylor: Okay, also: diese Gruppe hier, sagen wir: in Stanford, hat ihren eigenen Computer und diese Gruppe hier auch, sagen wir in Cambridge, und so weiter, aber diese Computer können nicht miteinander sprechen und kommunizieren. Es sei denn, Sie setzen einen kleinen Dolmetscher neben jeden. Etwa so: dieser Computer schickt etwas hierher, das geht über diesen Übersetzer. Der Übersetzer übersetzt diese Sprache oder diese Bits in eine allgemein verständliche Sprache, die der hier versteht – und der hier versteht. Und so geht die Übersetzung hier durch und kommt hier an – dieser Typ übersetzt das Ganze dann in etwas, das der hier dann empfangen kann und so weiter, so dass am Ende alles mehrfach miteinander verbunden ist. Diese Methode wird "Paket-Übertragung" genannt. Eine Botschaft wird in kleine Pakete aufgeteilt, kleine Bits, Sie wissen schon, *strings and bits*. Und eine Botschaft kann, sagen wir, fünfzig kleine Teile haben, die zusammengehören. Dann kann der erste Teil hier durch kommen und der zweite Teil dort durch und der vierzigste Teil könnte … Oder sagen wir, es gibt zehn Teile. Der neunte Teil könnte hier lang kommen und die Teile kommen über verschiedene Wege und in unterschiedlicher Reihenfolge an. Aber wenn sie alle angekommen sind, setzt der Empfänger sie alle in der richtigen Reihenfolge zusammen und kann die Botschaft verstehen.

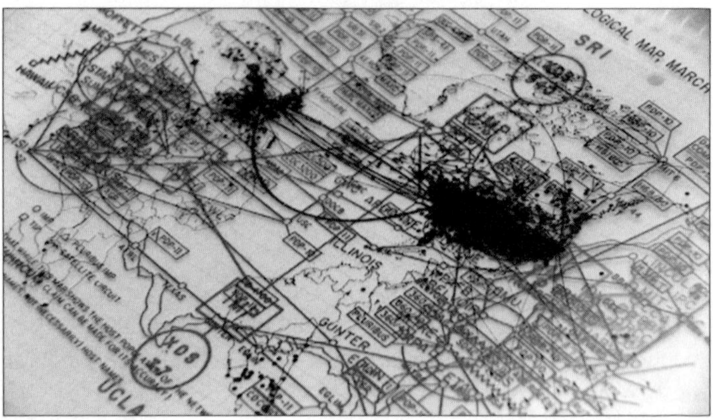

Wenn eine der Verbindungen zerstört wird, kann die Botschaft trotzdem durchkommen, denn für jedes Teil, das angekommen ist, sendet der Computer eine Bestätigung: Hey, das habe ich bekommen. Und wenn der erste Computer diese Bestätigung

nicht zurückbekommt, kann er versuchen, es über eine andere Verbindung zu schicken.
Manche Historiker haben sich das angesehen und sagten: "Naja, Arpa hat das Arpanet für den Fall einer nuklearen Katastrophe gebaut." Nein! Wir haben das Arpanet gebaut, um Leuten, die gemeinsame Interessen haben, aber an verschiedenen Orten sind, zu ermöglichen, diese Interessen miteinander zu teilen. Das Internet war dann einfach eine Evolution des Arpanet – sowohl in der Philosophie von einem dezentralen Netzwerk als auch in der Technologie.
All das spielte sich zwischen 1971 und 1976 ab. Das erste funktionierende Internet hatten wir dann 1975 oder 1976, als wir das Ethernet und das Arpanet zusammenschlossen. Das waren gute Jahre. Es gab viel zu tun und es war klar, was zu tun war, und all diese verschiedenen Sachen mussten gut zusammenpassen. Das hat großen Spaß gemacht.

Dammbeck: Für Sie war es ein großer Spaß, aber andere Leute bekamen Angst vor diesen wachsenden Netzwerken. Für die schien das wie Krebs zu wachsen oder wie eine Maschine, die wir vielleicht einmal nicht mehr kontrollieren könnten. Was halten Sie von solchen Kritikern, wie zum Beispiel Ted Kaczynski?

Taylor: Er ist verrückt! Es gibt solche Leute in unserer Gesellschaft.

Dammbeck: Aber er war Mathematiker, er hat in Harvard studiert!

Taylor: Na und? Hitler war ein Künstler und hat in Wien studiert.

Dammbeck: Haben Sie sein Manifest gelesen?

Taylor: Sie meinen *Mein Kampf*?

Dammbeck: Nein, das Manifest des Unabombers.

Taylor: Nein, ich habe es nicht gelesen. *Mein Kampf* habe ich auch nicht gelesen.

Dammbeck: Die Folgen all dieser technologischen Entwicklungen machten Ihnen nie Sorgen oder Angst?

Taylor: Angst? Ich habe Angst vor der Al Kaida, ich habe Angst vor Krebs. Aber ich weiß nicht genug. Wenn wir Krebs heilen könnten, mit anderen Worten, wenn wir mehr über Krebs wüssten, hätten wir keine Angst davor!

Dammbeck: Aber Sie wissen, Krebs ist eine Krankheit der modernen Gesellschaft, eine Zivilisationskrankheit.

Taylor: Ja, aber eines Tages, glaube ich, werden wir Krebs zu heilen verstehen oder Krebs vorbeugen können. Ich denke, das wird viel eher geschehen als dass wir ein elektronisches Schlachtfeld oder eine Maschine haben, die wir nicht kontrollieren können. Und wenn wir wissen, wie man Krebs heilt oder vorbeugt, werden wir keine Angst mehr davor haben. Es ist eine Frage des Wissens, des Sieges über Ignoranz. Ignoranz ist ein Zustand der Unwissenheit. *Ignoranz!* Nicht Dummheit, das ist etwas anderes. Ignoranz erzeugt Angst.

A & H FOOD PLAZA 438 SEVENTH AVE, MANHATTAN, NEW YORK

Ich bin mit dem Filmteam aus Kalifornien zurück und wieder in New York. Die Hälfte der Drehzeit ist um, und es ist Zeit für eine Zwischenbilanz. In der Nähe meines Hotels, dem Pennsylvania, das dem Madison Square Garden gegenüberliegt, ist ein von Libanesen betriebener kleiner Imbiss, der rund um die Uhr geöffnet hat. Ich sitze gern hier, um meine Rechercheergebnisse zu sortieren.

Was habe ich bisher: 1958 beginnt der 16-jährige Ted Kaczynski mit einem IQ von 170 das Mathematikstudium an der Harvard-Universität, 1967 wird er Professor für Mathematik an der Universität von Berkeley. Warum landet Ted Kaczynski im Lager der Technologiegegner und wird kein begeisterter Computer-Hippie wie Stewart Brand oder John Brockman? Woher rührt seine spätere Angst vor Computern und psychologischen Kontrolltechniken, wie sie in diesen Jahren in den geheimen Labors der US Army entwickelt werden?

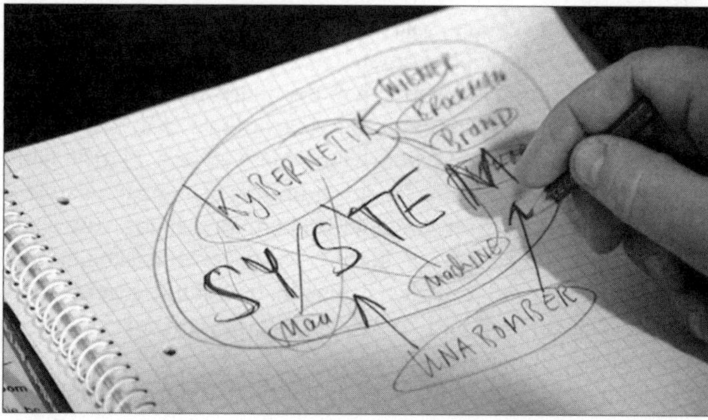

Ich habe also einen ehemaligen Mathematiker, über dessen Systemkritik keiner meiner Interviewpartner reden will. Und ich habe Ingenieure und Künstler, die von Technologie besessen sind. All das gehört offensichtlich zu *einem* System, dessen Konturen ich erst erahne. Anscheinend ein geniales Feedback-System, das jeden Angriff und jede Störung umgehend als Energiezufuhr für seine weitere Perfektionierung nutzt. Wer braucht so etwas? Wer denkt sich so etwas aus?

Zwischen 1946 und 1953 treffen sich im New Yorker Beekman Hotel auf Einladung der Josiah Macy Jr. Foundation führende Wissenschaftler verschiedener Fachgebiete, unter anderem Norbert Wiener, Margaret Mead, Gregory Bateson, Kurt Lewin und John von Neumann. Ziel dieser später "Macy-Konferenzen" genannten vertraulichen Treffen, an denen gelegentlich auch Be-

amte der CIA teilnehmen, ist eine Wissenschaft, die Vorhersage und Kontrolle menschlichen Verhaltens möglich macht. Das ist eine Waffe, die Amerika auf dem neuen Schlachtfeld des Unterbewussten im Kalten Krieg dringend braucht. Aufmerksam registriert die Macy-Gruppe deshalb die 1950 erschienene Studie *Die autoritäre Persönlichkeit* des International Institute of Social Research, eine Neugründung des Frankfurter Instituts für Sozialforschung um Max Horkheimer und Theodor W. Adorno, die 1933 von Frankfurt am Main in die USA emigrierten. Die Studie ist das bisher umfassendste Sozialprofil einer Gesellschaft, der USA, und soll eine wissenschaftliche Erklärung für religiöse und rassistische Vorurteile liefern. Aus Tausenden von Interviews entsteht eine riesige Datensammlung, die durch modernste Computer ausgewertet wird und vor allem auf eine Frage Antwort geben soll: Wie kommt es zu autoritärem Verhalten als Massenphänomen?
Die Ursache sehen die Autoren in der "autoritären Matrix" des Menschen, die den Schlüssel zur Psychologie des Faschismus und totalitärer Systeme überhaupt biete. Diese Matrix bilde sich durch Erziehung und Tradition und ist scheinbar unauflösbar verbunden mit der metaphysischen Vorstellung von einer "übernatürlich geschaffenen Natur". Diese Natur erscheint deshalb gefährlich und soll durch eine neue Natur ersetzt werden, die sich steuern und kontrollieren lässt, wie auf den Macy-Konferenzen diskutiert.
Wie konnte man aber die Anfälligkeit für Faschismus und Ras-

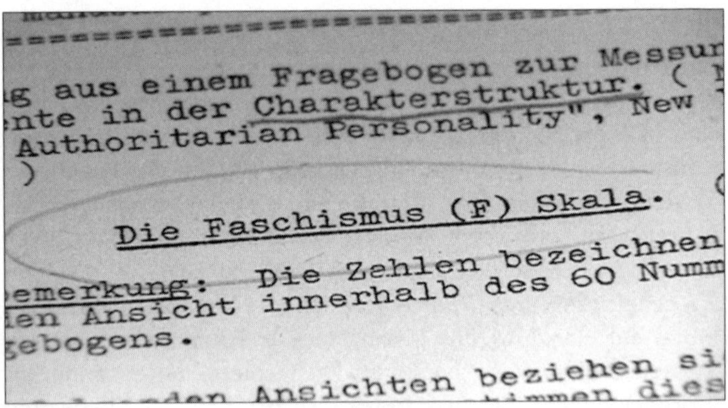

sismus, speziell gegen Juden, gezielt aufspüren und nachweisen? Dafür konstruieren die Soziologen eine Skala zur Messung des faschistischen Potenzials, die sogenannte "F-Skala". Darüber hinaus sollen mit neuesten psychologischen Verfahren, zum Beispiel den Tests des amerikanischen Psychologen Henry A. Murray, einem der Väter der heutigen Assessment Center, bisher verborgene Tendenzen der Persönlichkeit aufgespürt werden. Um Faschismus und Antisemitismus für immer zu verhindern, scheint es notwendig, die Natur des Menschen und seine kulturellen Muster so zu verändern, dass die autoritäre Matrix für immer verschwinden würde.

Wie aber konnte man unblutig und ohne Operation tief in die Persönlichkeit und das Bewusstsein von Menschen eindringen, um dieses dann gezielt zu verändern? Wie wird aus Aggression Harmonie?

Nach dem Gestaltpsychologen Kurt Lewin, einem Mitglied der Macy-Gruppe, müssen dafür zuerst die alten Werte und Gleichgewichte zerstört werden, um die Verhältnisse "flüssig" zu machen. Dann können neue Gleichgewichte und Werte etabliert werden. Diese müssen dann durch Selbst-Regulierung dauerhaft gefestigt werden, Umerziehung muss in Selbst-Umerziehung übergehen. Das wird die Welt in eine postnationale, multi-ethnische Weltgesellschaft ohne festgeschriebene Grenzen verwandeln. Die erforderlichen Werkzeuge und Baupläne für diese neue Weltordnung glaubt die Macy-Gruppe anbieten zu können: neue und schnellere Rechenmaschinen, Systemtheorie und kybernetische Modellwelten, mit denen alle Bereiche von Wissenschaft, Kultur und Politik kontrollier- und steuerbar erscheinen. Das verspricht auch die Programmierung neuer Menschen – anti-autoritärer Menschen nach Maß.

FLORENCE, COLORADO

Sehr geehrter Herr Dammbeck,

in Ihrem letzten Brief haben Sie mir soviele Fragen gestellt, dass ich nicht alle gleich beantworten kann. Als ich Ihnen schrieb, dass der Begriff einer Utopie wahnsinnig und gefährlich ist, meinte ich nicht, dass alle Utopien wahnsinnig und gefährlich sind, sondern vor allem die Utopie, dass man eine Gesellschaft nach einem bestimmten idealen Muster erschaffen könnte. Sie selbst haben zweifellos Ihre eigene Vorstellung von einer Utopie. Ein anderer Mensch hat eine andere Vorstellung, die sehr verschieden von der Ihrigen sein

kann. Würde es Ihnen gefallen, dass er Ihnen seine Utopie aufzwingt? Haben Sie das Recht, ihm Ihre Utopie aufzuzwingen?
Ich würde Ihnen gern mehr auf diese und andere Fragen antworten, aber einige schwerwiegende Probleme sind aufgetaucht, über die ich mir viele Sorgen mache. Deshalb werde ich den Brief hier beenden. Später schreibe ich Ihnen mehr.
Ihr ergebener Ted Kaczynski

ESALEN INSTITUTE, ESALEN BIG SUR, KALIFORNIEN

Fahrt über die Küstenstraße No. 1 zum Esalen Institute, das zwischen San José und Los Angeles an der Küste des Pazifiks auf den Klippen von Big Sur liegt. Hier werden für gutbetuchte Ost- und Westküstenintellektuelle, die dabei Bäder in den warmen Schwefelquellen nehmen und die in Küstennähe vorbeischwimmenden Delphine beobachten können, die Feldenkrais-Methode, Yoga, Tai Chi und Gestalttherapie gelehrt. Gegründet wird Esalen 1965 als Esoterik- und Konferenzzentrum von John Silverman, einem aufstrebenden Star des National Institute of Mental Health, der sich mit Forschungen über Schamanismus und Schizophrenie profiliert hat. Sein neugegründetes Institut ist schon bald Anziehungspunkt für Sinnsucher verschiedenster Art und die Blumenkinder der Hippiekommunen, die in den Wäldern von Mendocino und der Wüste außerhalb Santa Fés leben. Der Mystiker und LSD-Forscher John Lilly verbringt mehrere Monate in Esalen, um neue Methoden der Bewusstseinserweiterung zu studieren. Hier widmet er sich auch ausgedehnten Forschungen zum Bewusstsein der Delphine, für die sich schon bald darauf die amerikanische Marine und die CIA zu interessieren beginnen.
In Esalen treffen sich in den 70er Jahren auch Künstler mit einigen Teilnehmern der Macy-Konferenzen. Dabei geht es um eine neue Spiritualität mit Hilfe von Kybernetik und Drogen und um die Popularisierung der Macy-Visionen. Teilnehmer sind neben Stewart Brand, John Brockman oder dem englischen Mathematiker George Spencer Brown, der sein Buch *Laws of Form* vorstellt, auch Gurus der Avantgarde wie Buckminster Fuller und John Lilly. Durch solche Treffen gelangen die Ideen von Kybernetik und Systemtheorie in die internationalen Netzwerke

der Boheme und erhalten so eine andere, eine nichtmilitärische Aura.
An einem der Treffen in Esalen nimmt auch der Physiker und Philosoph Heinz von Foerster teil. Der 1911 in Wien geborene Foerster hat schon als Student Kontakt zu dem Philosophen Ludwig Wittgenstein und den Wissenschaftlern des Wiener Kreises, den frühen Vordenkern von Kybernetik und Systemtheorie. 1953 wird Heinz von Foerster in den USA Sekretär der Macy-Konferenzen und hat damit Zugang zum inneren Kreis der amerikanischen Wissenschaftselite.

Foerster zählt zu den Pionieren der Theorie des Konstruktivismus, nach der wir Menschen unsere Wirklichkeit selbst konstruieren. Eine unabhängig vom Beobachter existierende objektive Wirklichkeit gibt es demnach nicht.
In den 60er Jahren leitet Heinz von Foerster ein eigenes Forschungslabor, das Biological Computer Lab an der Universität Illinois. Im Auftrag der Forschungsabteilungen der amerikanischen Marine und Luftwaffe arbeitet er hier unter anderem an der weiteren Verschmelzung von digitalen und biologischen Systemen. Einen eigenen Computer hat Heinz von Foerster nie besessen, weil er offenbar glaubt, die intelligentere Maschine zu sein.
Foerster lebt heute in Pescadero, einem kleinen Ort am Pazifik, ungefähr 200 Meilen von San Francisco entfernt. Von Esalen kommend verlässt man die Küstenstraße No. 1 bei Half Moon Bay und fährt durch das hügelige Hinterland hinauf zum Rattelsnake Hill, einer Anhöhe am Rande Pescaderos, wo

Foerster in einem selbst entworfenen Holzhaus lebt. Er sitzt nach einer Beinamputation im Rollstuhl und wird von einer Pflegerin rund um die Uhr betreut. Seit meinem letzten Besuch hat sich sein Gesundheitszustand verschlechtert. Er bekommt während des Gesprächs immer wieder Erstickungsanfälle und muss in einem Hinterzimmer pausieren. In diesem Zimmer steht ein zweites Bett, in dem seine Frau May seit einem Jahr im Wachkoma liegt.

Ich spiele Heinz von Foerster zunächst auf dem Laptop Teile des Interviews vor, das ich bei meinem letzten Besuch aufgenommen habe, ehe wir mit neuen Aufnahmen beginnen.

Foerster: Als Student bin ich auf den Wiener Kreis gestoßen, und diese Vorträge, die dort gehalten wurden, haben mich tief beeindruckt. Durch Zufall bin ich dort auch auf einen Wiener Philosophen gestoßen, der hieß Ludwig Wittgenstein. Wie ich diesen *Tractatus Logico-Philosophicus* zum ersten Mal gelesen habe, war ich völlig hingerissen. Ich habe sofort den ganzen *Tractatus* auswendig gelernt, habe aber niemanden gefunden, mit dem ich darüber reden konnte. Nur wenn bei uns zu Hause in der Familie irgendwelche philosophischen Sätze gesprochen worden sind, habe ich gesagt: Nein, so geht das nicht! Ludwig Wittgenstein sagt: "Proposition vier komma fünf zwei, so und so und so ist der Fall!" Und meine armen Eltern und Verwandten haben gesagt, was machen wir mit diesem armen Buben, der ist völlig *brainwashed* von Wittgenstein, können wir irgend jemand finden, der ihm da hilft, aus dieser Falle heraus-

zukommen? Im Gegenteil, ich bin in diese Falle immer tiefer und tiefer hineingerutscht.
Was ich sehe und was, glaube ich, in Ihren Fragenkomplex eintaucht, ist, dass Wissenschaft, oder "Sciencia" auf lateinisch, in diesen zweitausend Jahren seit Aristoteles einen unerhörten Erfolg gehabt hat. Und auf was zieht sich "Sciencia" zurück? Das indoeuropäische Urwort für "Sciencia" ist ein Wort das heißt: "Scy", und das ist in "Science" und "Sciencia" und "Schizophrenie" und in "Schisma", das ist das Wort für trennen. Und eben "Systemics" ist genau eine parallele Entwicklung, nur das Gegenteil von "Science", es integriert.
Also wenn Sie bedenken, diese ganze Systemtheorie und Systemforscher, die heute sowohl in der Kunst als auch in der Wissenschaft auftauchen ... Ich würde das nicht mehr Wissenschaft nennen, ich würde das eben "Systemics" nennen. Die heutige Wissenschaft ist übergegangen in eine Haltung, die zusammen sieht: eine Systemics. Also von "Science" zu "Systemics" sehe ich die heutigen Schritte.

Ich habe erkannt im Laufe meines Lebens, je mehr ich mich mit der Physik beschäftige, dass ich eigentlich ein "Meta-Physiker" bin. Und damit hab ich dann mehr und mehr gespielt.
Und wenn Sie mich fragen, ja lieber Heinz von Foerster, was ist ein Metaphysiker, dann sag ich Folgendes: Es gibt unter den Fragen, die wir stellen über die Welt, gibt es solche, die man beantworten kann. "Heinz von Foerster, wie alt sind Sie?" Das kann man beantworten, da kann man nachschlagen im Katalog, also 1911 geboren – dann ist er 91. Oder man kann Fragen stel-

len, die nicht beantwortet werden können, wie zum Beispiel "Heinz von Foerster, sag einmal, wie ist das Weltall entstanden?" Na, da kann ich eine von den 35 verschiedenen Theorien aufsagen. Und ich frage einen Sternkundigen, und der sagt: "Da war doch dieser Big Bang vor 20 Millionen Jahren." Oder ich frage einen braven Katholiken, der sagt: "Jeder weiß, wie das entstanden ist, da hat Gott die Welt erschaffen. Und nach sieben Tagen war er müde und hat eine Pause gemacht, das war der Sonntag." Also da gibt's verschiedene sehr interessante Hypothesen, wie das Weltall entstanden ist. Das heißt, es gibt deswegen so viele Hypothesen, weil die Frage nicht beantwortbar ist. So kommt es nur darauf an, wie interessant ist die Geschichte, die jemand erfindet, wie das Leben im Weltall entstanden ist.

Dammbeck: Da ist man natürlich ganz nah bei der Kunst. Wenn es darum geht, eine gute Geschichte zu erfinden oder eine poetische Geschichte.

Foerster: Genau, genau, das ist die Sache. Es besteht ein Zweikampf oder ein Dreikampf oder ein Zehnkampf *between* den verschiedenen Poeten. Wer erfindet eine lustige, amüsante oder interessante Geschichte, wo jeder sofort glaubt: das muss es gewesen sein!

Dammbeck: Aber Herr von Foerster, die Wissenschaft, gerade auch Ihre eigenen Forschungen, das sind doch nicht nur Erfindungen oder schöne Geschichten? Das beruht doch auf Mathematik, auf Zahlen, auf Beweisbarkeit, auf wissenschaftlich unbezweifelbaren Daten?

Foerster: Na ja, aber es gibt jetzt schon so viele Daten, dass man gar nicht mehr die ganzen Daten in seine "Geschichte" hinein bringen kann. Und dann werden künstliche Daten erfunden. Das sind zum Beispiel Partikel, Teilchen. Da werden Teilchen erfunden, die das machen, was wir nicht verstehen. Also meiner Meinung nach sind Teilchen immer Lösungen von Problemen, die wir nicht anderweits lösen können. Also Erfindungen, um gewisse Probleme erklären zu können. Das sind Teilchen.

Dammbeck: Jetzt muss ich dumm fragen …

Foerster: Ja, das versteh ich. Lassen Sie es mich a bisserl besser erklären. Sagen wir, es ist eine Lücke in meiner Theorie, da kann ich nicht mehr drüber springen. Da sag ich einfach: na, hier sind neue Teilchen, die entweder grün, gelb oder ich weiß nicht was sind, die ersetzen das Loch in meiner Theorie. So behaupte ich: Jedes Teilchen, von dem wir heute in der Physik lesen, ist die Antwort auf eine Frage, die wir nicht beantworten können.

Dammbeck: Ich komme von der Kunst und bin kein Mathematiker, für mich ist das eine Annäherung an eine fremde Materie. Aber mit großer Faszination habe ich über den "Gödelschen Unvollständigkeitssatz" gelesen. Ist meine Interpretation richtig, dass Gödel eine Lücke im Theoriegebäude der Mathematik gefunden hat?

Foerster: Nein, es ist nicht die Lücke im Theoriegebäude der Mathematik, es ist eine Lücke in der Geschichte, die ich erfunden hab, um das Entstehen des Weltalls zu erklären …

Dammbeck: Das heißt, der Gödelsche Unvollständigkeitssatz ist auch bloß eine "schöne Geschichte", eine Erfindung?

Foerster: Ja, natürlich.

Dammbeck: Und diese Erfindung stellt andere Erfindungen in Frage?

Foerster: Genau. Der Big Bang ist ja auch eine Erfindung, nicht. Da kann man immer fragen: Woher kommt dieser Big Bang, und da können die natürlich sagen, da gibt es Teilchen, die, wenn man genügend viele zusammensetzt, machen sie einen Big Bang … oder so … na ich mach jetzt Blödel, aber so entsteht dann die Erfindung des Weltalls.

Dammbeck: Also uns Laien wird das ja als die "heilige Schrift" erklärt …

Foerster: Ja natürlich, die heilige Schrift muss das werden, was ich schreibe, denn sonst glaubt's mir ja niemand.

Dammbeck: Aber jetzt mal weiter gefragt. Wenn man auf der Basis von Logik und Mathematik technologische Systeme entwickelt und wachsen lässt …

Foerster: Die Logik ist doch nur ein Beschreibungsapparat, so wie die Grammatik für Sprache. Die Logik ist ja nur eine Maschine, um mit gewissen Aussagen gewisse andere Aussagen machen und entwickeln zu können. Der Übergang von A nach B, das ist was die Logik kontrolliert … also die Logik bringt ja gar nichts Neues … die Logik macht es nur möglich, dass Sie von einem Satz, der etwas verschwommen ist, etwas ableiten können, oder Sätze, die ähnlich verschwommen sind, ordentlich beweisen können.

Dammbeck: Aber das ist doch schrecklich. Wie kann man denn auf der Grundlage einer Theorie, die Löcher hat, also auf so einem anscheinend wackeligen Fundament, Maschinensysteme … sich weltweit ausdehnende Maschinensysteme quasi ins Unendliche wachsen lassen? Ist das denn nicht gefährlich?

Foerster: In diesen weltweit funktionierenden Maschinensystemen sind alle Aussagen richtig. Und das ist natürlich das, was man gerne haben möchte. Und warum sind die richtig? Weil sie sich alle von anderen Aussagen ableiten lassen.

Dammbeck: Wo führt das hin? Wie geht das denn weiter?

Foerster: Immer mit weiter ableiten.

Dammbeck: Ja, aber es gibt doch irgendwo Grenzen?

Foerster: Eben nicht, das ist das Schöne, da kann man immer wieder weiter.

Dammbeck: In der Logik.

Foerster: Yes, genau.

Dammbeck: Aber in der Realität?

Foerster: Wo ist die Realität? Wo haben Sie die?

M.I.T. HOTEL, CAMBRIDGE, MASSACHUSETTS

Ich bin wieder zurück in Boston. Der Drehplan sieht einige Aufnahmen im Center for Advanced Visual Studies am M.I.T. vor. Ich spüre aber, wie mein Interesse wächst, mich mehr mit Ted Kaczynskis Biografie und Ideen zu beschäftigen, statt die im Vorfeld aufwendig recherchierten Zusammenhänge zwischen Kunst, Wissenschaft und Technologie weiter abzuarbeiten. Ich ändere meinen Drehplan. Statt im M.I.T. und im Center for Advanced Visual Studies weiter den Spuren von Györgi Kepés, Otto Piene, Nicolas Negroponte und der legendären Ausstellung "Software" im New Yorker Jewish Museum zu folgen, recherchiere ich ausführlicher über Ted Kaczynski.
1971 kündigt Ted Kaczynski seine Professur an der Universität Berkeley, und baut sich in den Wäldern Montanas eine Hütte. Hat er das unverbindliche Angebot zu ernst genommen, das Stewart Brands *Whole Earth Catalog* für ein anderes, ein einfaches Leben im Einklang mit der Natur macht? Sucht er hier in einem strengen Selbstexperiment nach wirklichen Erfahrungen und einer Realität, die sich im grenzenlosen Raum von Mathematik und Logik in abstrakte mathematische Strukturen und Formeln aufgelöst hat?

Wann stößt dieses Experiment an eine Grenze und verlangt nach einer Steigerung? Wann wird die Flucht aus Mathematik und Logik zu einer Flucht in Paranoia, wie von den Medien unterstellt? In Paranoia wie bei seinem Mathematiker-Kollegen Kurt Gödel, der mit seiner Formel vom Unvollständigkeitssatz eine der Fragen stellt, die man nicht beantworten kann, und

auch an eine Grenze stößt, hinter der es nur noch Paranoia – oder Wahrheit gibt.
Im Internet finde ich den Vorabdruck des Buches *Harvard and the Unabomber* von Alston Chase mit Hinweisen auf geheime Drogenexperimente der CIA, Anfang der 60er Jahre an der Harvard University. Eine der Testpersonen ist der Mathematikstudent Ted Kaczynski. Leiter der Experimente ist der Psychologe Henry A. Murray, Mitbegründer der Abteilung für Soziale Beziehungen in Harvard.

FLORENCE, COLORADO

Sehr geehrter Herr Dammbeck,
Ihre Idee, dass die Fundamente der Wissenschaft und Mathematik wegen des Satzes von Gödel wackelig sind, ist irrig. Gödels Satz sagt nur, dass es einige Probleme in der Mathematik gibt, die niemals gelöst werden können. Als ich jung und naiv war, befürchtete ich, dass die Technologie eine völlig geordnete, regelmäßige und vollkommene Welt schaffen wird. Heute meine ich, dass solch ein Ergebnis unwahrscheinlich ist. Aber der Grund für meinen Meinungswandel ist keineswegs der Unvollständigkeitssatz von Gödel, sondern die Unberechenbarkeit des Verhaltens komplexer und offener Systeme.
Möchten Sie in einer Welt leben, in der Wissenschaftler und übermenschlich intelligente Maschinen alles wissen, verstehen und deshalb alles ordnen und regeln können? Wenn Ihnen das nicht gefällt, warum sorgen Sie sich darüber, dass die Wissenschaft nicht alles weiß und Löcher in der Theorie hat? Statt dessen sollten Sie sich Sorgen machen, dass die Wissenschaft zu viel weiß. Hier muss ich aufhören. Vielen Dank für Ihr Wörterbuch.
Ihr ergebener Ted Kaczynski

HARVARD UNIVERSITY, CAMBRIDGE, MASSACHUSETTS

Der Gang über den legendären Campus der Harvard-Universität provoziert bei mir gemischte Gefühle. Das Drehteam dagegen ist von der Atmosphäre begeistert: das satte Grün der Rasenflächen, das Ziegelrot der adretten Häuschen, die netten und zielstrebigen Studenten, die über den Campus eilen. Mir fällt Rudolf Arnheims Wort über die "Schlösser von Harvard" ein. Jedes Institut ist ein Schloss und von den anderen Schlössern abgeschottet wie die Geschlechtertürme in San Gimignano.

Die Kontaktaufnahme zu ehemaligen Mitarbeitern von Henry A. Murray und die Recherchen über dessen Experimente in den Harvard Archives sind äußerst schwierig. Der Name Ted Kaczynski ist ein Tabu, bei dessen Erwähnung sich alle Türen schnell und hermetisch schließen. Murrays ehemalige Mitarbeiter, heute alle selbst Professoren an Universitäten wie Harvard oder Cornell, sind im Gespräch freundlich, bleiben aber misstrauisch und vorsichtig. Die Forschungsziele Murrays seien auch ihnen oft unklar geblieben. Einmal hätte Murray davon gesprochen, er wolle die Möglichkeiten erforschen, Systemtheorie in der Psychiatrie anzuwenden, ein anderes Mal davon, dass die gesammelten Berge von Daten sinnlos seien. Einer der ehemaligen Assistenten spricht von der kalten und unpersönlichen Atmosphäre zwischen den Forschungsgruppen, die sich um die Stars unter den Psychologen und Verhaltensforschern wie Skinner, Boring oder Murray scharten. Harvard muss man sich leisten können, sagt ein anderer, finanziell und mental.
Als Ted Kaczynski als 16-jähriger zum Studium nach Harvard kommt, ist er zunächst völlig isoliert. Der Sohn einer polnischen Einwandererfamilie steht zudem unter dem Erwartungsdruck seiner Familie, in Harvard Erfolg haben zu müssen, um

so den sozialen Aufstieg der Familie dokumentieren zu können. War er in seiner Chicagoer Schule einer der besten Schüler und galt als Genie, ist er in Harvard nur noch einer von vielen.

1958 wird Ted Kaczynski mit 20 anderen Harvard-Studenten als Versuchsobjekt für Studien über die Persönlichkeitsstruktur von hochbegabten männlichen Collegestudenten ausgewählt. Der Titel der Versuchsreihe ist *Multiform Assessments of Men*. Alle Studenten erhalten einen Codenamen. Ted Kaczynski ist LAWFUL, gesetzestreu.
Leiter der Versuchsreihe ist der Psychologe Henry A. Murray, im Zweiten Weltkrieg hochdekorierter Offizier der amerikanischen Armee. Für die Abteilung psychologische Kriegsführung des OSS, des Office of Strategic Service, einem Vorläufer der CIA, entwickelt Murray ein System von Tests zur Überprüfung der Führungsqualitäten von Offizieren.
Die Tests finden in der geheimen Station "S" statt, einer Villa in der Nähe Washingtons, und sollen zeigen, wie sich Eliten unter psychologischem Druck verhalten. Aber Murray sieht größere Aufgaben für die Psychologie. Wie die Autoren der Studie *Die Autoritäre Persönlichkeit*, die er zu seinen Freunden zählt, sieht Murray Psychologie und die neuen Sozialwissenschaften berufen, einen Beitrag für Frieden und Harmonie auf der Welt zu leisten. In einer neuen Weltordnung, mit Weltgesetzen, einer Weltpolizei und unter Führung einer Weltregierung.
"Die Vereinigten Staaten", so Murray 1951 in seinem Essay *America's Mission,* "sind die Abstraktion der *One World*, die jetzt ih-

rer Erschaffung entgegensieht. Das Los ist auf die USA gefallen, die Führerschaft bei der Durchführung dieses letzten und schwierigsten Experiments zu übernehmen, einem globalen Feldzug des Guten gegen das Böse. Indem wir uns völlig einer Weltregierung verpflichten, erquicken wir die Herzen aller Menschen auf der Erde mit der Aussicht auf Sicherheit, die dem Zauber jedweder Art von Totalitarismus entgegenwirken kann. Der nationale Mensch ist obsolet und muss in einen Weltmenschen verwandelt werden."

Murray selbst sieht sich als Teil eines weltweiten psychiatrischen und sozialpsychologischen Netzwerks von *social engineers*, dem beim Aufbau einer neuen und friedlichen Weltordnung eine wichtige Rolle zukommt.

Er ist davon besessen, in seinem Institut in Harvard ein "Superego" zu entwickeln, das den geplanten Weltmenschen gegen alle Spielarten von Totalitarismus immunisieren soll. Dafür entwickelt er ein System von Tests, bei denen die Studenten starkem psychischen Stress ausgesetzt werden.

Das Ziel ist die totale Ausforschung von Persönlichkeit und Verhalten, um dann wünschenswerte Strukturen des Charakters erzeugen und steuern zu können. Die Versuchspersonen ("subjects") werden zunächst aufgefordert, eine Selbstbiografie zu schreiben, in der sie ihre Lebensphilosophie, Wünsche und Sehnsüchte formulieren. Dazu müssen sie Fragebögen beantworten, die auch eine Reihe von intimen Fragen zur Sexualität enthalten, wie nach Masturbation, erotischen Phantasien und abweichendem sexuellen Verhalten.

Die aus all diesen Befragungen und Tests gewonnenen Daten werden dann von einem Stab von Wissenschaftlern unter der Leitung von Murray analysiert. Dafür werden die in diesen Jahren modernste Computertechnik einer Bostoner Versicherung und spezielle Software für Faktor- und Contentanalyse genutzt, die ein Mitarbeiter Murrays entwickelt. Erst danach werden die Kandidaten für die "dyadische Konfrontation" ausgewählt. Die "Dyade" ist eine Erfindung Murrays, der das fundamentale Atom im psychologischen Universum nicht, wie Freud und Jung, im Individuum, sondern in der Zweierbeziehung als der kleinsten sozialen Einheit sieht. Die Erforschung der Wechselwirkung zwischen zwei Individuen und deren psychischer und sozialer Beziehung ist für Murray die Voraussetzung für die Entwicklung des neuen "Weltmenschen". Das Herzstück dieser Forschungen ist das Stress-Interview. Dafür muss das "subject" eine Treppe hinab in das Souterrain des Instituts steigen und einen hell erleuchteten Raum betreten. Hinter einer für die Testperson undurchsichtigen Glasscheibe stehen Murrays Team, eine Filmkamera und Tonaufzeichnungsapparate. Am "subject" werden nun Elektroden befestigt, um Puls und Herzschlag zu messen (in einem Dokument ist auch ein "Polygraph" erwähnt, im Sprachgebrauch dieser Jahre ist das ein "Lügendetektor"). Auf ein Tonsignal hin beginnt dann für das "subject" unerwartet ein scharfes Verhör durch einen Mitarbeiter Murrays, das sich teilweise zu einem Spottverhör steigert. Dabei werden die in der Selbstbiografie formulierten Wünsche und Sehnsüchte des "subjects" angegriffen und lächerlich gemacht. Ziel Murrays ist es, die Teile der Persönlichkeit aufzudecken, die das "subject" gern verbergen möchte. In mehreren "pre-dyads" findet innerhalb des darauf folgenden Jahres eine Nachbereitung statt, bei der sich die Testpersonen die Filmaufnahmen des Stress-Verhörs anschauen müssen und mit für sie teilweise unangenehmen, verletzenden und belastenden Aussagen und Aufnahmen konfrontiert werden.
Zur gleichen Zeit taucht auf dem Campus der Harvard-Universität LSD auf, das in Form von Würfelzucker verteilt wird. Der junge Psychologieprofessor Timothy Leary hat in Harvard, mit Zustimmung von Henry A. Murray, ein LSD-Forschungsprojekt etabliert, das von der CIA mitkontrolliert wird. Gemeinsam mit Leary nimmt Murray an Drogen-Trips teil. Setzt er, wie im Internet behauptet, seine früheren Versuche für den

OSS nun für die CIA fort, die zwischen 1953 und 1964 unter Codenamen wie MK ULTRA oder Artischocke spezielle psychologische Kontrolltechniken entwickeln lässt und daran Wissenschaftler vieler amerikanischer Elite-Universitäten beteiligt? Welchem Ziel dient Murrays geplanter Einsatz des Sacred Mexican Mushroom, eines in Mexiko beheimateten Drogenpilzes und Vorbild für die synthetische Droge LSD?
Im Archiv der Harvard-Universität finde ich die Bestätigung, dass alle Experimente Murrays gefilmt werden. Die Filme sind verschwunden, sagt mir die Leiterin des Murray-Archivs und zeigt mir im Keller Stapel mit leeren Filmbüchsen. Als einige Medien Ted Kaczynskis Codenamen Lawful veröffentlichten, seien alle Ted Kaczynski betreffenden Testergebnisse aus dem Archiv entfernt worden.

ABC–CNN–CBS–KOVR13–FOX: NEWS

Im Juni 1996 wird Ted Kaczynski in Sacramento wegen dreifachen Mordes angeklagt. Er selbst bezeichnet sich als nicht schuldig im Sinne der Anklage. Nach Presseberichten fordert die US-Justizministerin Janet Reno die Todesstrafe. Seine Pflichtverteidiger versuchen, ihn als geisteskrank darzustellen, um mit dieser Taktik die drohende Todesstrafe zu verhindern.
Im Dezember 1997 wird Ted Kaczynskis Hütte von der Verteidigung nach Sacramento gebracht: als ein Beweis für seine Geisteskrankheit. Der Prozessbeginn wird mehrfach verschoben, als Ted Kaczynski seine Verteidiger entlässt und vom Richter verlangt, sich selbst verteidigen zu dürfen. Daraufhin ord-

net der Richter Garland D. Burell eine psychiatrische Untersuchung Ted Kaczynskis an. Das in seinem Auftrag von der Psychiaterin einer amerikanischen Regierungsbehörde erstellte Gutachten attestiert Ted Kaczynski paranoide Verhaltensstörungen und Schizophrenie. Das Gutachten steht kurze Zeit später im Internet und wird in den Medien ausgiebig kommentiert.

Die Presseabteilung des Federal Court House schickt mir als Antwort auf meine Bitte nach Pressematerial einige Videokassetten mit Mitschnitten der Fernsehberichte über den Fall, die ich auswerten kann:

"Heute Abend: Der Kaczynski-Prozess. Wenn Wahnsinn auf das Gesetz trifft +++ Es war ein verrückter Prozessauftakt, und verrückt ist das richtige Wort. Die Staatsanwälte bringen ihn mit bis zu 16 Bombenanschlägen in Verbindung, bei denen in verschiedenen US-Bundesstaaten drei Menschen getötet und 23 verletzt wurden +++ Der Ex-Eremit lehnt alle vom Gericht angeordneten psychologischen Tests ab. Er hat Angst vor Psychiatern und regt sich schon auf, wenn man sie nur erwähnt +++ Paranoide Wahnvorstellungen bestimmen Mr. Kaczynskis Leben. Er sieht überall Agenten, Überwachungssatelliten, Elektroden und Bewusstseinskontrolle. +++ Es überrascht mich nicht, wenn ein paranoider Schizophrener glaubt, dass seine Wahnvorstellungen Realität sind. Und was Ted Kaczynskis von ihm so genannten Rachefeldzug angeht: Wenn er für verrückt erklärt wird, haben seine Taten keine politische Wirkung und keine Bedeutung für die Gesellschaft +++ Juristen und Psychiater sind sich einig: Ted Kaczynski ist anders als der Rest von uns +++ Ist es eine Bombenfabrik oder die Behausung eines Schizophrenen? Das fragen sich die Prozessbeteiligten in Bezug auf Ted Kaczynskis 'cabin', die heute kurz vor 12 Uhr auf einem LKW in Sacramento eintraf +++ Ein wichtiges Beweisstück ist auf dem Weg nach Sacramento! Kaczynskis Hütte wurde aus Montana abtransportiert als Beweisstück für die Verteidigung. Der Fahrer wird für die 1.100 Meilen nach Sacramento etwa drei Tage brauchen. Die Hütte ist wichtig für die Verteidigung, um Kaczynski als geistig gestört darstellen zu können. Die Hütte ist nur knapp 3 mal 4 Meter groß. Es gibt darin keinen Strom, kein fließendes Wasser und keinen Fernseher. FBI-Beamte fanden darin haufenweise Beweismaterial, das den Ex-Professor mit fast allen Unabomber-Anschlägen in Verbindung bringt +++ Ted Kaczynski hatte mehr als nur eine Hütte! Seine eigenen Anwälte sagen, die Behörden hätten weitere geheime Hütten finden müssen, die Kaczynski gebaut habe, um der Zivilisation zu entfliehen."

FLORENCE, COLORADO

Sehr geehrter Herr Dammbeck,
in Ihrem letzten Brief haben Sie mich nach der Vorstellungswelt des Mathematikers gefragt. Sie nehmen sicher an, dass sich die Mathematiker immer etwas Mathematisches vorstellen. Aber das ist nicht wahr. Die erfahrenen Mathematiker denken selten an die Mathematik. Meistens stellen sie sich die Blumen, den Sonnenschein und die im Frühling singenden Vögel vor. Vielleicht stellen sie sich mitunter die Weiber vor, aber das machen sie nicht oft, denn ihre Herzen sind rein. Wie kommt es, werden Sie fragen, dass die Mathematiker nicht immer an die Mathematik denken? Dazu muss ich Ihnen mitteilen, dass die Mathematiker keine Wissenschaftler sind, sondern Künstler. Erinnern Sie sich daran, dass ich Ihnen anfangs schrieb, ich sei kein Wissenschaftler? Abgesehen von der elementarsten Mathematik, zum Beispiel der Arithmetik oder der Gymnasialalgebra, haben die Symbole, Formeln und Wörter der Mathematik überhaupt keine Bedeutung. Die ganze Struktur der höheren Mathematik ist ein ungeheurer Schwindel, ein bloßes Spiel, ein leichtfertiger Schabernack. Sie werden fragen, gibt es denn keinen Re-

negaten, der die Wahrheit enthüllt? Ja, natürlich, aber die Tatsache ist so unglaublich, dass niemand sie ernst nehmen wird. Also ist das Geheimnis in keiner Gefahr.
Ihr ergebener Ted Kaczynski

STEMPLE PASS ROAD, LINCOLN, MONTANA

Ich will mir ansehen, wo Ted Kaczynski 25 Jahre gelebt hat, und fliege von Boston über Denver mit einer kleinen Propellermaschine nach Helena, der Hauptstadt des an Kanada grenzenden Bundesstaats Montana. Von Helena geht es mit dem Mietwagen nach Lincoln, einem kleinen Ort inmitten eines riesigen Waldgebiets, der an einer Passstraße liegt, dem Stemple Pass. Der Ort hat 40 Häuser, zwei Bars, eine Feuerwehrstation, eine Tankstelle und eine kleine Bibliothek. Die Gegend um Lincoln ist altes Indianerland und liegt in Amerikas größtem Naturschutzgebiet mit den Gebirgszügen der Rocky Mountains und der kontinentalen Wasserscheide Great Falls. Montana gilt als Rückzugsgebiet für Eigenbrötler, Naturburschen und ist eine Hochburg der Umweltschützer. In den dichten Wäldern um Lincoln künden stillgelegte Minen, Höhlen und verfallene Hütten von Zeiten, als Goldgräber, Köhler und Jäger einen Großteil der Bevölkerung ausmachten. Ganz in der Nähe dreht David Lynch Ende der 80er Jahre seine Fernsehserie *Twin Peaks*.
1971 wird Ted Kaczynski Bürger der Gemeinde von Lincoln, Montana. Etwa sechs Kilometer von Lincoln entfernt pachtet er ein Grundstück und baut sich eine Hütte. Seine Nachbarn sind der Sägewerksbesitzer Butch Gehring und der Klavierleh-

rer von Lincoln, Chris Waits. Die beiden sind, neben der Leiterin der Bibliothek von Lincoln, die Ted Kaczynski regelmäßig und häufig besucht, die einzigen Personen, die über einen längeren Zeitraum persönlichen und regelmäßigen Kontakt zu Ted Kaczynski haben. Als die Unabomber-Jäger von FBI, ATF (Bureau of Alcohol, Tobacco and Firearms) und der Spezialeinheit UTF (Unabomb Task Force) nach siebzehnjähriger erfolgloser Fahndung ihr Netz um Ted Kaczynski immer enger ziehen, helfen Butch und sein Freund Chris den FBI-Agenten bei der Überwachung und Verhaftung ihres Nachbarn Ted.
Chris schreibt zusammen mit einem der FBI-Agenten ein Buch über den Fall, das er heute im Heimatmuseum von Lincoln und im Internet vertreibt.
Im Auftrag des FBI sucht und findet Chris auch eine zweite Hütte von Ted, angeblich dessen geheime Werkstatt für den Bombenbau. Das ist wichtiges Beweismaterial für die Theorie des FBI: Ted Kaczynski ist der Unabomber.

Chris: In die Nähe von Teds erster Hütte, in der er wohnte, zogen mehr und mehr Leute. Da war Lärm, und er hatte nicht mehr die Ruhe und Abgeschiedenheit, wie als er hierher kam. Als Ted 1971 hierher zog, lebten hier oben nur vier Leute, und so hatte Ted es ziemlich einsam. Naja, und bis zu seiner Verhaftung kamen Butch und alle möglichen Leute dazu. Ted war lieber allein, so dass er arbeiten konnte, ohne von jemandem überrascht zu werden, oder dass jemand an seine Tür klopfte oder einfach vorbeikam.
Deshalb baute er sich eine kleine geheime Hütte, von der aus er in den Wald rausgehen konnte und wo er abgeschieden lebte und vollkommen zufrieden war und nicht damit rechnen musste, von irgend jemandem überrascht zu werden.
Sehen Sie, hier, hier ist so ein Haufen Schrottteile … und genau unter dieser Dose lagen mehrere Verbindungsstücke, Rohrverbindungsstücke, die angebohrt waren … erste Teile von Sprengkörpern, Bomben. Und hier sehen sie die erste Hütte, die er sich gebaut hat …

Butch: … bevor irgendwas passierte.

Dammbeck: Wer ist der Fotograf dieses Fotos?

Chris: Ich. Aber ich habe auch einige FBI-Fotos.

Butch: Als ich mit den FBI-Agenten sprach, war das meist Max Noël. Ich war in ständigem Kontakt mit ihm. Also, vor der Verhaftung hab ich ungefähr dreißig Tage lang mit ihm gearbeitet, habe Fototouren gemacht, Videoaufnahmen, und Ted draußen hinter dem Haus beobachtet. Aber dort nie mit der Kamera, da habe ich nur Tonaufnahmen gemacht.

Chris: Und als dann später das FBI anfing, mit mir zusammenzuarbeiten, haben sie mir auch einige Kopien von seinen Aufzeichnungen über seine Aufenthaltsorte im Wald gegeben. Er benutzte Wörter wie: "mein Lieblingsplatz" oder "mein heiliger Platz".

Butch: Und jetzt sieh dir mal seine Tagebücher an …

Chris: Ja, ich habe Kopien von einigen mitgebracht. Ich habe die mit den kodierten Texten, ich hab eine Menge von denen.
Butch: Die waren kodiert! Und er kann dir vorlesen, was Ted da aufgeschrieben hat. Es ist unglaublich!

Chris: Dies ist auf Spanisch geschrieben und wurde vom FBI decodiert und übersetzt … und es liest sich wie ein *Who is Who* wichtiger Personen. Und über seine Lager, sein geheimstes Lager – sehen Sie, er hatte sieben oder acht Lager hier im Wald.

Dammbeck: Gab es auch eine Liste seiner Anschlagsziele?

Chris: Ich habe nur einen Auszug aus der Liste hier. Denn damit bin ich wirklich vorsichtig, mit Namen, besonders mit den Namen von Leuten hier aus der Gegend. Wir wollen die Leute schützen, über die er schrieb, und ihre Familien. Denn er hat Hetzschriften gegen gewisse Personen geschrieben, die er abgrundtief hasste, wegen irgendeiner Beschädigung des Waldes, die diese Leute angeblich begangen hatten, z.B. illegal einen Baum zu fällen oder so etwas.

Dammbeck: Und die Namen auf der Liste waren Leute aus Lincoln?

Chris: Sie meinen auf der Abschussliste?

Butch: Nein, von außerhalb.

Dammbeck: Leute wie David Gelernter?

Chris: Genau.

Butch: Die Liste haben sie am Tag der Verhaftung aus der Hütte mitgebracht. Er hat alles aufgeschrieben, wirklich alles.

Chris: Es ist … es ist ein Rätsel, das ist das beste Wort, das mir dazu einfällt. Denn alles, was er machte, waren für ihn Experimente, von denen er sehr systematische Aufzeichnungen machte. Und nicht nur von den Bombenexperimenten, sondern auch von allen anderen Sachen – sehr wissenschaftlich. Er schrieb auf, wieviel von diesem oder jenem er verwendete und wie wirksam es war. Und in Bezug auf seine Bomben war er sehr pingelig, wenn er eine neue Mischung gefunden hatte, eine neue Art von Sprengkopf, wissen Sie, schrieb er auf, wie effektiv sie waren, und all solche Sachen. Er hat alle Experimente und sogar die Behälter mit Material durchnummeriert. Hier, Experiment Nummer 72, da hat er zum Beispiel eine Chemikalie analysiert, die er brauchte. Er hat zum Beispiel Red-Devil-Lauge gekauft. Er hat die Reinheit geprüft und aufgeschrieben: es sollte reiner sein. Er hat die ganze Zeit solche Dinge analysiert.

Dammbeck: Hat er auch sich selbst analysiert? Wie in einem Selbstexperiment?

Chris: Oh, ich verstehe, worauf Sie hinauswollen. Im täglichen Leben, ja, da hat er alles notiert. Was er gegessen hat, er hat sogar ein paar kleine Rezepte aufgeschrieben, zum Beispiel für Stachelschwein-Fleischklößchen – er hat ja auch Stachelschweine gefangen und gegessen. Oder er hat notiert "Ich habe zwölf schwarze Ameisen in meine Kleidung gesetzt", wissen Sie, es ging nur um die Zahl!
Ich habe Ihnen ja von seiner genauen Beschreibung der Bäume erzählt, den Durchmesser hat er bis auf den halben Zentimeter genau angegeben. Und das vor allem in Gegenden, wo sich nichts so verändert wie die Bäume. Warum sollte man eine Baumgruppe in einem Diagramm verzeichnen und ihren Durchmesser bis auf den halben Zentimeter genau ausmessen, wenn man ganz genau weiß, dass sie ein Jahr später nicht mehr achteinviertel Zentimeter im Durchmesser haben werden, sondern vielleicht achteinhalb? Also, er hatte in der Beziehung wirklich zwei Seiten: eine, die sehr bemüht sorgfältig und wissenschaftlich war, und eine Seite, die überhaupt keinen Sinn machte.
Aber ich muss noch etwas über den Code sagen. Nur die aufwieglerischsten Dinge hat er codiert, denn das Codieren brauchte Zeit. Er hatte ein sehr ausgeklügeltes System, seine Notizbücher zu klassifizieren, je nachdem, wie belastend oder inkriminierend die Inhalte waren. Das nannte er das "queer system". Die Klassifizierung ging von queer 1 bis queer 10. Queer 10 war das inkriminierendste, was ihn am schwersten belastete, und queer 1 war am wenigsten belastend. So hat er sich hingesetzt und ist alle seine alten Schriften durchgegangen, die er seit Jahren angefertigt hatte, und hat jedes seiner Notizbücher klassifiziert. Ich habe eine Kopie dieses Zettels mit den Klassifizierungen, da sind zum Beispiel die Notizbücher 2, 3 und 4, in denen es hauptsächlich um das tägliche Leben geht. Einige Dinge darin waren belastend, aber er schrieb: queer 1 oder queer 2. Dann nahm er einzelne Seiten aus und schrieb z.B., Seite 269 bis 285 ist queer 7 – wissen Sie, wer würde das wissen wollen, außer ihm?
Das waren die Bereiche, wo es wirklich schwer war zu verstehen, was er sich eigentlich dabei dachte, sich so viel Mühe mit diesen alten Schriften zu machen. Denn seine Schriften sind

sehr umfangreich, ich meine, das sind mindestens zwanzig- bis vierundzwanzigtausend Seiten. Er hat alles aufgeschrieben. Seine Autobiographie reicht bis in die Kindheit zurück, er schrieb alles auf, von seinem ersten Kuss, wie lange er geküsst hat – wahrscheinlich das erste und einzige Mal, dass er überhaupt ein Mädchen geküsst hat – wie lange es gedauert hat und was er darüber dachte und so. Und dann sah er sich das nochmal an und verglich es mit dem, was er für normal hielt. War das nur ein Experiment? Das sind jedenfalls wirklich schwer zu beantwortende Fragen.

Dammbeck: Hört sich an wie einige dieser wissenschaftlichen Experimente in den sechziger Jahren.

Chris: Ja, genau, wirklich.

Dammbeck. Was glauben Sie, wofür hat er diese Experimente gemacht?

Chris: Naja, das habe ich mich schon wegen dieser Codes immer gefragt. Wenn man nicht vorhat, der Nachwelt etwas zu hinterlassen, oder wenn man nicht das Gefühl hat, es wäre möglich, dass jemand das alles mal beachtet, warum schreibt man dann überhaupt erst codiert? Das ist eine Frage, die ich wirklich nicht beantworten kann. Hat er es als geistige Übung betrachtet oder glaubte er wirklich, dass eines Tages jemand seine Schriften finden und sich darum kümmern könnte?
Komisch war nur: Als das FBI das codierte Notizbuch fand, hing der Schlüssel dazu in der Hütte – gleich daneben. Gleich neben dem Buch, also wozu das Ganze? Man hat mir gesagt, dass der Code ziemlich kompliziert war, und hätten sie den Schlüssel nicht gehabt, hätten sie eine Weile gebraucht, um den Code zu knacken.

Dammbeck: Und wie lief dann die Verhaftung ab. Die FBI-Leute kamen nach Lincoln und …?

Butch: Das FBI war überall in der Gegend verteilt und versteckt.

Chris: Ja, die taten so …

Butch: ... als wären sie Geologen oder LKW-Fahrer, waren als dies und das verkleidet, sehr gut getarnt. Wir hatten nicht mal mitgekriegt, dass oben bei der 7up Ranch weitere 70 Beamte waren – mit Computern – und andere Sachen bearbeiteten. Die hatten das alles wirklich gut getarnt. Und hier, direkt rundherum, waren nochmal ... wieviel wohl ... ich würde sagen 15 normale Beamte. Und Max Noël vom FBI rief mich in der Nacht vor der Verhaftung an und sagte: Ist es okay, wenn wir die Mühle als Stützpunkt für die Verhaftung benutzen? Ich glaube, ich habe genug zusammen. Und ich fragte ihn: Max, was meinst du, was wird morgen passieren, was fährst du auf? Und er sagte: Es wird der Wahnsinn. Die Presse wird da sein, es wird eine Menge Presse da sein.
Und wegen der Verhaftung fragte er mich: Wie kriegen wir ihn aus dem Haus? Und ich sagte: Also, lass ihn doch einfach von Jerry, dem Förster, rauslocken. Der steht an der Straße, schreit vier- oder fünfmal "Hey, Ted!", und er wird rauskommen. Und er wird zu dir kommen, und du musst nicht zu ihm gehen. Und wenn er nah genug ist, kannst du ihn fassen. Und genauso haben sie es gemacht. Und es hat großartig funktioniert.

FLORENCE, COLORADO

Sehr geehrter Herr Dammbeck,
Sie fragen mich: "Wie wehrt man sich gegen den Zwang, an der Realisierung irgendwelcher Utopien teilnehmen zu müssen? Wer gibt mir das Recht, gewaltsam dagegen vorzugehen?"
Ich denke, der Einsatz von Gewalt, zum Beispiel gegen die Rea-

lisierung der Utopie von einer technologischen Gesellschaft, ist nur Selbstverteidigung. Natürlich kann man das bestreiten. Wenn Sie glauben, das ist unsittlich oder unmoralisch, dann setzen Sie eben keine Gewalt ein. Dazu stelle ich Ihnen eine Frage. Welche Art von Gewalt hat mehr "harm", oder Kummer, in der Menschheitsgeschichte verursacht: die Gewalt, die vom Staat genehmigt wurde? Oder die Gewalt, die von Einzelnen ungenehmigt angewendet wurde? Später werde ich auf weitere Fragen von Ihnen eingehen. Bis dahin muss ich andere Arbeiten machen.
Ihr ergebener Ted Kaczynski

195 CHURCH STREET, NEW HAVEN, CONNECTICUT

Ich will mit einem der Opfer der Bombenanschläge sprechen. 1993 erhält der Computerwissenschaftler David Gelernter eine Briefbombe. Durch die Explosion verliert er ein Auge und die rechte Hand. David Gelernter ist Professor für Informatik an der Yale-Universität und Chefwissenschaftler der Firma Mirror Worlds Technologies, die Software für den elektronischen Handel und die neuen Informationstechnologien herstellt. *Mirror Worlds* (Spiegelwelten) ist auch der Titel des Buchs, das Gelernter berühmt macht: die Vision einer zukünftigen virtuellen Gesellschaft, die nur noch auf Software basiert.
Schon während seines Studiums in New York beginnt er sich für Computer zu interessieren und betreibt zugleich Studien der jüdischen Religion. Sein Vater Herbert Gelernter ist Physiker und Pionier der "KI", der künstlichen Intelligenz. Schon 1958 benutzt er in einem einflussreichen Projekt zum automatischen Beweisen geometrischer Sätze riesige Suchroutinen und die cartesianische Koordinatenarithmetik. Da sein Sohn David nicht in die Fußstapfen des berühmten Vaters treten möchte, beginnt er sich nach dem Studium mit Parallel-Computing zu beschäftigen. Zusammen mit Nick Carriero entwickelt er dafür eine neue Programmiersprache, die er "Linda" nennt. Als Gelernter 1978 seine Studien beginnt, heißt die hauptsächlich verwendete "parallel processing language" ADA, benannt nach "Ada Augusta Lovelace", der Tochter von Lord Byron und eine der ersten weiblichen Programmiererinnen.

Als Gelernter einen Namen für sein neues Programm sucht, ist eine andere "Lovelace" im Gespräch, der Pornostar Linda Lovelace aus dem Film *Deep Throat*.

Die Software "Linda" ist erfolgreich im Einsatz für Börsenmakler und große Fluggesellschaften, die damit ihre Rechner zu Netzwerken für schnellstmögliche Transaktionen verknüpfen können. Gelernter ist nun ein Star in der Computerwelt, und bald darauf ist er Mitglied von John Brockmans Cyberelite in New York und einer der prominentesten "Digerati".

Das Interview mit Gelernter findet im Foyer seiner Firma Mirror Worlds Technologies statt, während im Hintergrund in zahlreichen offenen Büros Mitarbeiter Konferenzen abhalten und mit Videoprojektoren Geschäftspläne projizieren und diskutieren. An einer Wand im Foyer hängen gut sichtbar Ölgemälde Gelernters im neo-expressionistischen Stil des deutschen Malers Georg Baselitz, dessen Kunst Gelernter, wie auch die Werke von Anselm Kiefer, bewundert.

Gelernter sieht sich nicht nur als Wissenschaftler, sondern auch als Maler und Komponist. Auf den Fotos der zahlreichen Presseberichte über das Attentat zeigt er sich in seinem Haus gern umgeben von Kunst; ein Piano dient als Staffelei für seine Malerei.

Gelernter: Die heutige Welt arbeitet mit antiker Software, die in den 1970ern entwickelt wurde, die war brillant in den 1970ern, basierte aber auf Ideen der 1960er. Und unserer Meinung nach, der von Mirror Worlds Company, ist nicht die

Frage, ob Microsoft/Windows und Macintosh und Unix abgelöst werden, sondern wann und wodurch.
Wir glauben, dass die Methode von Windows und Unix, Information zu verwalten, bald von einem neuartigen Informationssystem abgelöst werden wird, in dem sich alle Informationen oder Daten in einem einzigen, schwarmförmigen "Zeitstrom" befinden, wo alles gleichzeitig verfügbar ist und wo ich nicht überlegen muss, habe ich diese Information auf dem Computer in der Firma oder zu Hause gespeichert, oder auf dem Laptop oder dem Palmtop oder dem Handy oder auf diesem oder jenem Gerät oder auf diesem oder jenem Server. Diese Fragen sind für mich unmöglich, inakzeptabel, eine Zeitverschwendung. Ich möchte nicht darüber nachdenken müssen, welchen Namen ich einer Datei gegeben habe, in welchem Verzeichnis oder Ordner ich sie abgespeichert habe oder in welcher Anwendung. Ich habe keine Zeit für solche Fragen, und das gilt für die meisten Menschen, die heute von Computern abhängig sind.
Was ist also das Geschäftsmodell von Mirror Worlds Inc.? Wir bauen ein stromförmig aufgebautes Informationssystem und versuchen, es so vielen Leuten wie möglich zu verkaufen. Wir haben einen bestimmten Typ von Kunden im Sinn, nicht den einzelnen Endverbraucher, sondern große Unternehmen. Die Finanzleute und Geschäftsleute im Vorstand von Mirror Worlds Inc. sagen mir, dass das das Klügste ist, und sie haben sicher auch Recht. Wir denken schon, dass langfristig alle Leute von Windows und Unix die Nase voll haben werden, und sobald es narrative Software gibt, werden wir diese 70er-Jahre-Software loswerden und zu moderner Software übergehen. Unser Geschäftsmodell ist also eine Mischung aus Business und Ideologie.

Dammbeck: Und um diese Ideologie ging es auch schon in Ihrem Buch *Spiegelwelten*?

Gelernter: Die Idee des Buchs *Spiegelwelten* war, dass die Institutionen und Organisationen, mit denen wir jeden Tag zu tun haben und die ständig immer komplizierter werden, in Software gespiegelt werden. So dass ich, wenn ich wissen will, was an der Universität geschieht, eine Software-Abbildung der Universität ansehen könnte, um rauszufinden, was unterrichtet wird und wer was sagt und was heute passiert und so weiter. Ob ich es nun mit einer Behörde, einer Firma, einem Krankenhaus oder irgendeiner Organisation zu tun habe, diese Organisation würde in Software gespiegelt werden, wie ein Gebäude im Wasser. Und die Softwareversion der Organisation wäre für mich leichter zu verstehen und zu bedienen. Es schien mir, als sei diese Entwicklung mit dem Auftauchen globaler Computernetzwerke und immer leistungsfähigerer Desktopcomputer unumgänglich. Und das war ja dann auch so und zeigte sich in Form des World Wide Web nur ein paar Jahre nach Erscheinen des Buches. Der große Fehler des Buches war, dass es zu konservativ war, es hieß dort, in zehn Jahren würden wir die ersten Anzeichen eines solchen Netzes sehen, das war 1991, aber 1994 war das Web schon eine große Sache.

Dammbeck: Nun gibt es Sorge darüber, ob diese Netzwerke künftig noch kontrollierbar sein werden …

Gelernter: Niemand kann es kontrollieren, das ist wahr, aber das ist nicht notwendigerweise schlecht. Es ist ein organisches System, es ist ein Netzwerk, das aus vielen 100 Millionen von Menschen besteht, von denen jeder seine eigenen Entscheidungen trifft. Die Unkontrollierbarkeit ist nicht unbedingt schlecht, es macht die Sache interessant.
Sicher, es gibt widersprüchliche Trends. Lange Zeit ging die Qualität des amerikanischen Journalismus zurück, weil wir in Yale und anderen amerikanischen Universitäten die Studenten schlecht ausgebildet haben. Highschools bilden Schüler nicht aus, weil Computer es immer einfacher machen, schicke Bilder zu haben, anstatt gut schreiben zu können.
Andererseits ist es nun einfacher, einen neuen Fernsehsender zu gründen oder eine neue Zeitung. Und Computer haben auch damit viel zu tun. Man braucht jetzt keine Fabrik und Satzmaschinen mehr, weil es viel einfacher ist, eine Zeitung herzustellen und sie übers Internet oder das Web zu verkaufen. Technologie hilft also, die Irrtümer zu korrigieren und die Fehler zu beseitigen, die durch Technologie entstanden sind.
Das Pendel schwingt, eine alte Theorie.

Dammbeck: Aber was ist die Konsequenz von mehr und mehr Fernsehsendern? Als Sie die Briefbombe bekamen, war das nicht virtuell, sondern Realität. Und Sie, als das Opfer, und der vermutliche Täter waren sofort das tägliche Frischfleisch für die Medien, wurden sogar in den Medien in einem fiktiven Dialog zusammengebracht und gleichgesetzt, so wertfrei wie 0 und 1 im Computer. Warum haben Sie die Medien dafür kritisiert?

Gelernter: Es erscheint mir immer gefährlich, menschliches Leben zu betrachten, als gäbe es keine moralische Komponente, als wären ein Mörder und ein normaler Mensch miteinander vergleichbar oder austauschbar. Das ist eine Sicht mit katastrophalen Folgen. Das ist ein moralischer Relativismus, den ich aufs entschiedenste ablehne und immer ablehnen werde.

Dammbeck: Als ich den Film vorbereitete, hatte ich auch ein Gespräch mit Stewart Brand. Sie kennen ihn, er ist auch einer von John Brockmans "Digerati" wie Sie. Und er sagte mir: Dies ist ein genuines Phänomen der Gegenkultur, was der Unabomber getan hat. Er sagte einfach: Die Kultur geht in eine falsche Richtung, und ich werde das bekämpfen.

Gelernter: Ich finde, das ist abstoßend und verabscheuungswürdig, so etwas zu sagen. Wir sprechen über jemanden, der Menschen umgebracht hat. Wenn er, wie ich, die Witwen und Kinder der Männer getroffen hätte, die dieser Kriminelle ermordet hat, wäre er weniger erpicht darauf, ihn als Phänomen der Gegenkultur zu beschreiben! So etwas macht mich wütend.

Dammbeck: Ist es kein Angriff in einer politischen Sprache? Sie wissen, in der Geschichte ...

Gelernter: Sobald einer zum Mörder wird, ist es mir scheißegal, welche Ansichten er vertritt, seine Ansichten interessieren mich dann nicht. Was ich über ihn weiß, ist, dass er ein Mörder ist, ein Verursacher von Leid und Schmerz, und seine Ansichten sind deshalb für zivilisierte Menschen nicht von Interesse.

FLORENCE, COLORADO

Sehr geehrter Herr Dammbeck,
ich setze meine Antwort auf Ihre Briefe fort. Sie fragen: Wer ist berechtigt, das Recht zu setzen? Ich behaupte, niemand ist dazu berechtigt. In den zivilisierten Gesellschaften nimmt man gewöhnlich an, dass der Staat das Recht festsetzt.
In nichtzivilisierten Gesellschaften setzen Bräuche und Gewohnheiten das Recht. Wenn man den durch den Staat und die Bräuche festgesetzten Maßstab des Rechts ablehnt und dagegen vorgeht, heisst das Revolution. Natürlich wird man dazu von niemandem berechtigt. Wenn Sie glauben, dass das unmoralisch sei, nehmen Sie an keiner Revolution teil.

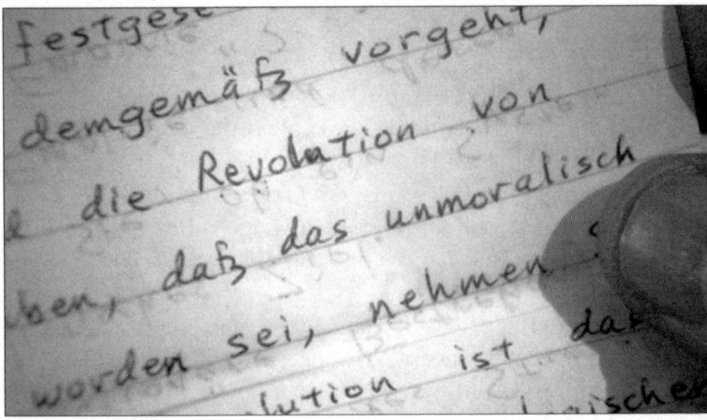

Sie fragen mich, warum ich Ihnen noch keine Kopie der authentischen Fassung des Manifests geschickt habe. Aber ich besitze noch keine authentische Fassung. Ich habe zwei Fotokopien des ursprünglichen Manuskripts, aber die sind zum Teil unleserlich. Ich habe zwei gut lesbare Transkriptionen des Manifests, aber beide enthalten Fehler. Ich bin dabei, eine authentische Fassung des Manifests zu machen, indem ich die vier erwähnten Fassungen miteinander vergleiche, aber mir fehlt die Zeit, um damit fertig zu werden. Weil ich so viele Briefe beantworten muss! Also, stellen Sie mir lieber nicht so viele Fragen.
Meine Biografie ist unwichtig, und ich will nicht darüber sprechen. Sprechen wir über die Angelegenheiten, die wichtig sind.
Ihr ergebener Ted Kaczynski

EPILOG

Der Mathematiker Kurt Gödel stirbt 1978 an den Folgen seiner Paranoia.

Der Mathematiker Ted Kaczynski wird 1998 zu lebenslanger Haft verurteilt.

Kurz vor Prozessbeginn kommt es zu einer Absprache (*plea bargain*) zwischen Verteidigung, Staatsanwalt und Gericht, die Ted Kaczynski akzeptiert: kein regulärer Prozess mit einer Beweisaufnahme, keine Einweisung in die Psychiatrie, kein Todesurteil und keine Möglichkeit auf Begnadigung. Ted Kaczynski bestreitet bis heute, der Unabomber gewesen zu sein.

CHRONOLOGIE

26. Mai 1978, Northwestern University, Evanston, Illinois
Der Sicherheitsmann Terry Marker wird durch eine Paketbombe verletzt.
9. Mai 1979, Northwestern University, Evanston, Illinois
Der Student John G. Harris wird im Technologischen Institut der Universität durch eine Paketbombe verletzt.
15. November 1979
Explosion einer Bombe im Frachtraum einer Boeing 727 der American Airlines. Zwölf Menschen erleiden eine Rauchvergiftung.
10. Juni 1980, Lake Forest, Illinois
Der Präsident der Fluggesellschaft United Airlines, Percy A. Wood, wird durch eine Briefbombe verletzt. Auf einem der Bombensplitter finden die Ermittler die aufgestempelten Initialen FC.
Juni 1980
Die Sondereinheit "UNABOM" wird gebildet. "UN" steht für "university" und "A" für "airline".
8. Oktober 1981, University of Utah, Salt Lake City
Eine Paketbombe wird in einem Seminarraum der Universität entdeckt und entschärft. Keine Verletzten.
5. Mai 1982, Vanderbilt University, Nashville, Tennessee
Janet Smith, Sekretärin der Fakultät für Computerwissenschaft, wird durch eine Paketbombe verletzt.
2. Juli 1982, University of California, Berkeley, Kalifornien
Diogenes J. Angelakos, Professor für Elektro-Ingenieurswesen und Computerwissenschaft, wird durch eine Rohrbombe verletzt.
15. Mai 1985, University of California, Berkeley, Kalifornien
Der Air-Force-Pilot und Ingenieurstudent John E. Hauser wird durch eine Bombe schwer verletzt.

13. Juni 1985, Boeing Aircraft Corp., Auburn, Washington
Eine an die Produktionsabteilung der Boeing Flugzeugwerke adressierte Paketbombe kann entschärft werden. Keine Verletzten.

15. November 1985, Ann Arbor, Michigan
Professor James V. McConnell und sein Assistent Nicklaus Suino von der University of Michigan werden durch eine Paketbombe verletzt.

11. Dezember 1985, Sacramento, Kalifornien
Hugh C. Scrutton, der Besitzer eines Versandhandels für Computer, wird durch eine mit Nägeln gefüllte Bombe getötet.

20. Februar 1987, Salt Lake City, Utah
Gary Wright, Besitzer eines Computergeschäfts, wird durch eine Bombe verletzt. Eine Zeugin beobachtet, wie ein Mann mit Kapuze und dunkler Sonnenbrille die Bombe deponiert. Nach ihren Aussagen wird vom FBI das erste und einzige Phantombild des Unabombers angefertigt.

1987 Die Spezialeinheit UTF (Unabomber Task Force) wird verstärkt.
Sechs Jahre lang gibt es keine vom FBI dem Unabomber zugeordneten Anschläge.

22. Juni 1993, Tiburon, Kalifornien
Dr. Charles Epstein, ein Genetiker der Universität von Kalifornien, wird durch eine Paketbombe verletzt.

24. Juni 1993, New Haven, Connecticut
Dr. David Gelernter, ein Computerexperte der Yale-Universität, wird durch eine Paketbombe schwer verletzt.

24. Juni 1993
Die *New York Times* erhält einen Brief einer bis dahin unbekannten Gruppe "FC", die darin ihre öko-anarchistischen Überzeugungen erläutert.

10. Dezember 1994, North Caldwell, New Jersey
Der Werbemanager Thomas Mosser wird durch eine Bombe getötet.

24. April 1995
Der Computerwissenschaftler Dr. David Gelernter, die Biologen Dr. Phillip A. Sharp vom M.I.T. und Dr. Richard J. Roberts von den New England Biolabs erhalten Briefe von "FC", in denen sie zur Einstellung ihrer Forschungen aufgefordert werden. Am gleichen Tag erhält die *New York Times* einen Brief von "FC", der Gründe aufzählt, weshalb Gelernter, Epstein und

Mosser als Anschlagsziele ausgewählt wurden. Gleichzeitig bietet "FC" an, die "terroristischen Aktivitäten" einzustellen, wenn ein von "FC" verfasstes Manifest veröffentlicht wird. Der Brief endet mit den Worten: "We reserve the right to engage in sabotage."

24. April 1995, Sacramento, Kalifornien

Gilbert G. Murray, Präsident der kalifornischen Behörde für Forstwirtschaft, wird durch eine Briefbombe getötet.

27. Juni 1995

Der *San Francisco Chronicle* erhält einen Brief von "FC", der die Warnung enthält, dass "eine Terrorgruppe, vom FBI 'Unabomber' genannt, in den nächsten Tagen die Zerstörung eines Flugzeugs nach dem Start vom Los Angeles International Airport plant".

19. September 1995

Washington Post und *New York Times* publizieren zunächst in Auszügen und später vollständig das 35.000 Worte umfassende Manifest *Die industrielle Gesellschaft und ihre Zukunft* von "FC".

Februar 1996

David Kaczynski nimmt auf Drängen seiner Frau Kontakt mit dem FBI auf und gibt den Verdacht zu Protokoll, dass sein Bruder Ted der Autor des Manifests sein könnte.

3. April 1996

Ted Kaczynski wird von FBI-Agenten in seiner Hütte in Lincoln, Montana, verhaftet.

22. Januar 1998

Vor Beginn der Gerichtsverhandlung gegen Ted Kaczynski wird von den Anwälten mit der Regierung und dem Richter ein *plea bargain* ausgehandelt, das Ted Kaczynski akzeptiert. Das bedeutet: viermal lebenslänglich und 30 Jahre Zuchthaus, keine Einweisung in eine Psychiatrie, keine Todesstrafe und keine Möglichkeit auf Begnadigung; zusätzlich Zahlung von 15.026.000 $ an die Hinterbliebenen und Familien der Opfer.

LEBENSLAUF THEODORE JOHN KACZYNSKI

22. Mai 1942 Theodore John Kaczynski wird in Chicago (Ill.) geboren. Seine Mutter Theresa (Wanda) Dombeck Kaczynski ist Lehrerin, sein Vater Theodore Richard Kaczynski ist Metzger. 1990 begeht der Vater Selbstmord.
1958 Ted Kaczynski beginnt als 16-jähriger das Studium der Mathematik an der Harvard-Universität, das er 1962 mit dem "Bachelor of Arts" abschließt.
1959 Versuchsperson für eine Studie des Psychologen Prof. H. A. Murray am Institut für Soziale Beziehungen der Harvard-Universität.
1963–1967 Fortsetzung des Studiums an der Universität von Michigan in Ann Arbor. Abschluss mit dem "Master of Arts" und Promotion. Späteren FBI-Berichten zufolge "erste psychiatrische Konsultationen und Pläne für ein Leben in den Wäldern abseits der Zivilisation".
1967–1969 Assistenzprofessor am Department of Mathematics der Universität von Kalifornien in Berkeley.
1969 Ted Kaczynski kündigt seine Professur. Gelegenheitsjobs als Lagerarbeiter. Reist mit seinem Bruder David nach Kanada, um ein Stück Land für den gemeinsam geplanten Ausstieg zu suchen.
1970 Ted Kaczynski schickt einige Texte zu den Themen "Technologie und Freiheit" an Zeitungen in Chicago und überregionale Magazine. Keiner der Texte wird veröffentlicht. Liest die Bücher *Die technologische Gesellschaft* und *Autopsie einer Revolution* des französischen Autors Jacques Ellul, die ihn stark beeinflussen. Ablehnung des Kaufgesuchs für das Grundstück in Kanada. Ted Kaczynski ist arbeitslos und lebt von der Unterstützung durch seine Familie.
19. Juni 1971 Clifford Gehring Senior verpachtet ein kleines Landstück in Lincoln, Montana, an Ted und David Kaczynski.

1972–1973 Ted Kaczynski baut sich auf dem gepachteten Landstück eine Hütte. Mit einem Gewehr geht er auf die Jagd, stellt Fallen auf, mit denen er Hasen fängt, und zieht in einem kleinen Garten Möhren und Kartoffeln. Er kartografiert bei seinen ausgedehnten Wanderungen die Landschaft und protokolliert auf über 24.000 Seiten seinen Alltag und Experimente verschiedenster Art. Viel Zeit verbringt er in der Bibliothek von Lincoln. Die Bibliothekarin Sherri Wood zählt ihn zu ihren Stammkunden und besorgt ihm per Fernleihe auch seltene Fachliteratur.
Nach Aussagen seiner Nachbarn Chris Waits und Butch Gehring beginnt er Mitte der 70er Jahre, mit Explosivstoffen zu experimentieren.
1973 Gelegenheitsjob in Salt Lake City.
1988 Ted Kaczynski beginnt eine umfangreiche Korrespondenz mit dem mexikanischen Landarbeiter Juan Sánchez Areola, einem illegalen Immigranten. Berät Areola auch bei verschiedenen juristischen Problemen.
3. April 1996 Ted Kaczynski wird von FBI-Agenten in seiner Hütte verhaftet. Nach späteren Angaben der Staatsanwaltschaft finden die Ermittler bei der Durchsuchung der Hütte zahlreiches Belastungsmaterial: zum Bombenbau geeignete Zünder, Batterien und Kabel, eine funktionsfähige Bombe und codierte Notizbücher, in denen Ted Kaczynski angeblich den Wunsch äußert, jemanden zu töten und sich an der Gesellschaft zu rächen. Vor allem diese Textstellen gehören später zu den Kaczynski am meisten belastenden Indizien der Staatsanwaltschaft.
18. Juni 1996 Ted Kaczynski wird in Sacramento wegen der Morde an Scrutton und Murray und der Anschläge auf Epstein und Gelernter und später in New Jersey wegen des Mordes an Thomas J. Mosser angeklagt.
25. Juni 1996 Ted Kaczynski bezeichnet sich als nicht schuldig im Sinne der Anklage.
15. Mai 1997 Nach Presseberichten fordert die US-Justizministerin Janet Reno die Todesstrafe für Ted Kaczynski, die Clinton-Regierung sei "tough on terrorists".
12. November 1997 Nach Medienberichten Aufnahme von Gesprächen über ein *plea bargain* (eine US-spezifische Form der Absprache zwischen Anklage und Verteidigung, um das Verfahren abkürzen oder um zu einem Ergebnis kommen zu kön-

nen, wenn dessen Zustandekommen auf Grund mangelnder Beweislage oder anderer Gründe schwierig oder unmöglich erscheint).

5. Dezember 1997 Ted Kaczynskis Hütte wird von der Verteidigung als Beweisstück für seine Geisteskrankheit nach Sacramento gebracht.

22. Dezember 1997 Meinungsverschiedenheiten zwischen Ted Kaczynski und seinen Pflichtverteidigern über die Prozessstrategie.

5. Januar 1998 Der Prozessbeginn wird mehrfach verschoben, weil Ted Kaczynski gegen die Strategie seiner Verteidiger protestiert, die versuchen, ihn als geisteskrank darzustellen. Er will in einem politischen Prozess den Gerichtssaal als Bühne für seine Anschauungen nutzen.

7. Januar 1998 Ted Kaczynski schlägt den linksliberalen kalifornischen Staranwalt J. Toni Serra als neuen Verteidiger vor, der bereit ist, das Mandat ohne Honorar zu übernehmen. Die Staatsanwaltschaft und der Richter lehnen den Wechsel der Verteidigung als zu spät und als Prozessverzögerung ab.

In der darauf folgenden Nacht unternimmt Ted Kaczynski nach TV-Berichten einen Selbstmordversuch in seiner Zelle im Untersuchungsgefängnis von Sacramento.

8. Januar 1998 Ted Kaczynski verlangt vom Richter, sich selbst verteidigen zu dürfen.

9. Januar 1998 Richter Garland D. Burell ordnet eine psychiatrische Untersuchung Ted Kaczynskis an, um dessen Fähigkeit feststellen zu lassen, sich selbst zu verteidigen. Die Untersuchung führt Dr. Sally Johnson durch, eine forensische Psychiaterin beim U.S. Bureau of Prisons.

17. Januar 1998 Das Gutachten der Psychiater attestiert Ted Kaczynski paranoide Verhaltensstörungen und Schizophrenie, aber auch die Fähigkeit, sich selbst verteidigen zu können. Das Gutachten steht kurze Zeit später im Internet und wird in den Medien ausgiebig kommentiert.

22. Januar 1998 Richter Burell lehnt Kaczynskis Bitte ab, sich selbst verteidigen zu dürfen und ordnet an, dass Kaczynski den Prozess mit seinen bisherigen Verteidigern fortsetzen muss. Hinter verschlossenen Türen kommt es nun zu intensiven Gesprächen über ein *plea bargain*, das Kaczynski akzeptiert. Damit bekennt er sich schuldig im Sinne der Anklage, es erfolgt

aber keine Einweisung in eine psychiatrische Anstalt und kein Vollzug der Todesstrafe.
4. Mai 1998 Ted Kaczynski wird zu viermal lebenslänglich und zusätzlich 30 Jahren Zuchthaus verurteilt, unter Ausschluss der Möglichkeit auf Begnadigung. Er wird in das Hochsicherheitsgefängnis von Florence (Colorado) überführt.
17. August 2001 Sein Antrag auf Wiederaufnahme des Verfahrens wird endgültig abgelehnt.

Die
industrielle Gesellschaft
und ihre Zukunft

Anmerkung zur Übersetzung des Manifests

Der Text *Industrial Society and its Future*, auch als Unabomber-Manifest bekannt, erschien erstmals als Abdruck eines 56-seitigen Manuskripts, das eine sich als "FC" (Freedom Club) bezeichnende ökologisch-anarchistische Gruppe 1995 an die *New York Times* und die *Washington Post* schickte. FC forderte die Veröffentlichung des Textes und bot im Gegenzug die Einstellung einer Bombenserie an, die in den USA bisher drei Menschen getötet und mehrere schwer verletzt hatte. Seit dem Abdruck des Textes durch beide Zeitungen kursieren mehrere Fassungen des Textes im Internet.

Seit 2001 steht Lutz Dammbeck in brieflichem Kontakt mit Ted Kaczynski, der ihm im August 2002 anbot, eine authentische und korrigierte Fassung des Textes zu schicken. Im Jahre 2003 beendete Ted Kaczynski im US-Penitentiary MAX/Florence, Colorado, die Arbeit an der Fassung, die der deutschen Übersetzung zugrunde liegt.

Dazu Ted Kaczynski in einem Brief an Lutz Dammbeck:

"Wenn mich mein Gedächtnis nicht trügt, haben Sie mich in einem Ihrer Briefe gefragt, wer an den zahlreichen Fehlern der veröffentlichten Versionen des Manifestes schuld sei. Schuld daran sind die Leute, die das Manifest sorglos und nachlässig transcribiert haben. Alle veröffentlichten Versionen des Manifestes beruhen direkt oder indirekt auf der Version der Zeitung *The Washington Post*. Infolge der Nachlässigkeit der Angestellten dieser Zeitung sind viele Fehler, besonders das Auslassen von Teilen mancher Sätze und sogar von ganzen Sätzen, in dieser Version erschienen. Jedes Mal, wenn jemand das Manifest wieder transcribiert hat, hat er diese Fehler übertragen und auch eigene Fehler beigetragen, so dass die veröffentlichten Versionen immer schlechter geworden sind."

EINLEITUNG

1. Die industrielle Revolution und ihre Folgen sind eine Katastrophe für die Menschheit. Zwar ist die Lebenserwartung derer, die in "hochentwickelten" Ländern leben, dadurch bedeutend gestiegen, gleichzeitig aber ist eine Destabilisierung der Gesellschaft eingetreten, das Leben bringt keine Erfüllung mehr, Menschen sind Demütigungen unterworfen, psychische Leiden sind weit verbreitet (in der Dritten Welt auch körperliche Leiden) und der Natur ist schwerer Schaden zugefügt worden. Die technologische Fortentwicklung wird die Lage weiter verschlimmern. Mit Sicherheit wird die Menschheit noch größere Demütigungen erleiden und die Natur noch mehr geschädigt werden, wahrscheinlich werden sich die gesellschaftliche Zerstörung und die psychischen Leiden verstärken, und schließlich könnte es selbst in den "hochentwickelten" Ländern einen Anstieg von Krankheiten geben.

2. Das industriell-technologische System kann überleben oder es kann zusammenbrechen. Wenn es überlebt, KÖNNTE es darin eines Tages möglicherweise nur noch geringe psychische und physische Leiden geben, aber nur nach einer langen und sehr schmerzhaften Zeit der Anpassung und nur um den Preis einer dauerhaften Reduzierung der Menschen und anderer Lebewesen auf designte Produkte und bloße Rädchen im Getriebe. Außerdem wird es, wenn das System überlebt, keine Möglichkeit geben, durch Reformen oder Eingriffe zu verhindern, dass den Menschen darin ihre Würde und Autonomie genommen werden.

3. Aber auch wenn das System zusammenbricht, werden die Folgen noch immer sehr schmerzhaft sein. Je mächtiger aber das System sich entwickelt, desto katastrophaler werden die Folgen des Zusammenbruchs sein, so dass ein baldiger Zusammenbruch des Systems wünschenswerter ist als ein späterer.

4. Deshalb treten wir für eine Revolution gegen das industrielle System ein. Diese Revolution kann mit oder ohne Gewalt durchgeführt werden; sie kann plötzlich eintreten oder in einem längeren Prozess über mehrere Jahrzehnte. Wir können nichts davon voraussagen. Aber wir skizzieren generell die Maßnahmen, die jene, die das industrielle System hassen, ergreifen sollten, um den Weg für eine Revolution gegen diese Form der Gesellschaft zu bereiten. Es wird keine POLITISCHE Revolution sein. Ihr Ziel wird sein, nicht Regierungen, sondern die ökonomischen und technologischen Grundlagen der bestehenden Gesellschaft zu stürzen.

5. In dieser Abhandlung betrachten wir nur einige der negativen Entwicklungen, die aus dem industriell-technologischen System entstanden sind. Andere Entwicklungen werden wir nur kurz andeuten oder gar nicht behandeln. Das bedeutet nicht, dass wir diese anderen Entwicklungen für unwichtig halten. Nur aus praktischen Gründen müssen wir unsere Erörterung auf Bereiche beschränken, denen bis jetzt nur ungenügende öffentliche Aufmerksamkeit zugekommen ist oder in denen wir etwas Neues zu sagen haben. Zum Beispiel gibt es inzwischen eine sehr aktive Umwelt- und Naturschutzbewegung, weswegen wir nur sehr wenig über Umweltverschmutzung und die Zerstörung der ursprünglichen Natur geschrieben haben, obwohl wir diese für äußerst wichtig halten.

PSYCHOLOGIE DER MODERNEN LINKEN

6. Wohl jeder wird mit uns übereinstimmen, dass wir gegenwärtig in einer zutiefst gestörten Gesellschaft leben. Eines der verbreitetsten Symptome des Wahnwitzes unserer Welt ist die linksgerichtete Ideologie[1], weswegen eine Erörterung der

1 Im Original werden hier die Ausdrücke "leftism" bzw. "leftist" in einem besonderen, im folgenden erörterten Verständnis des Begriffs verwendet. Das Substantiv "leftist" wird im folgenden der Kürze wegen mit "Linker" übersetzt, das Adjektiv "leftist" mit "linksgerichtet". Anm. d. Ü.

Psychologie der Linken als Einleitung einer Erörterung der Probleme der modernen Gesellschaft im Allgemeinen dienen kann.

7. Was aber versteht man unter linksgerichteter Ideologie? Während der ersten Hälfte des zwanzigsten Jahrhunderts konnte man linksgerichtete Ideologie praktisch gleichsetzen mit Sozialismus. Heute ist die Bewegung zersplittert und es ist nicht klar, wer zutreffend als Linker bezeichnet werden kann. Wenn wir in dieser Abhandlung über Linke sprechen, denken wir vor allem an Sozialisten, Kollektivisten, Anhänger der "political correctness", Feministinnen, Aktivisten der Schwulen- und Behindertenbewegungen, Tierschützer und dergleichen. Aber nicht jeder, der einer dieser Bewegungen verbunden ist, ist ein Linker. In unserer Erörterung der Linken versuchen wir weniger, eine Ideologie zu fassen als einen psychologischen Typus, oder eher noch eine Ansammlung verwandter psychologischer Typen. So wird sich im Verlauf unserer Erörterung über linke Psychologie klarer ergeben, was wir mit linksgerichteter Ideologie meinen. (siehe auch Abschnitte 227-230)

8. Dennoch wird unser Begriff von linksgerichteter Ideologie wohl nicht so klar werden, wie wir es uns wünschen würden, aber dagegen scheint es kein Mittel zu geben. Wir versuchen hier lediglich, annähernd und in groben Zügen die beiden psychologischen Tendenzen zu umreißen, die unserer Meinung nach die Hauptantriebskräfte der modernen linken Ideologie sind. Wir beanspruchen keineswegs, damit die GANZE Wahrheit über linksgerichtete Psychologie zu verkünden. Auch ist unsere Erörterung lediglich auf die moderne linksgerichtete Ideologie bezogen. Wir lassen die Frage offen, inwieweit unsere Erörterung auf die Linken des 19. und frühen 20. Jahrhunderts übertragbar wäre.

9. Die beiden psychologischen Tendenzen, die der modernen linksgerichteten Ideologie zugrunde liegen, nennen wir *Gefühle von Minderwertigkeit* und *Überangepasstheit*. Gefühle von Minderwertigkeit sind charakteristisch für die gesamte moderne Linke, Überangepasstheit dagegen nur für einen Teil der modernen Linken; aber gerade dieser Teil ist höchst einflussreich.

GEFÜHLE VON MINDERWERTIGKEIT

10. Unter "Gefühlen von Minderwertigkeit" verstehen wir nicht nur Minderwertigkeitsgefühle im engeren Sinne, sondern ein ganzes Spektrum verwandter Eigenschaften: schwaches Selbstbewusstsein, Ohnmachtsgefühle, depressive Neigungen, Defätismus, Schuldgefühle, Selbsthass usw. Wir behaupten, dass die modernen Linken zu diesen Gefühlen neigen (möglicherweise mehr oder weniger verdrängt), und dass diese Gefühle entscheidend die Richtung der modernen linksgerichteten Ideologie prägen.

11. Wenn jemand nahezu alles, was über ihn (oder über Gruppen, mit denen er sich identifiziert) gesagt wird, als Geringschätzung interpretiert, schließen wir daraus, dass er Minderwertigkeitsgefühle oder ein schwaches Selbstbewusstsein hat. Diese Neigung ist unter Aktivisten für Minderheitenrechte besonders ausgeprägt, ob sie nun zu der Minderheitengruppe gehören, deren Rechte sie verteidigen oder nicht. Sie sind hypersensibel gegenüber den Ausdrücken, die Minderheiten bezeichnen und gegenüber allem, was über Minderheiten gesagt wird. Die Begriffe "Neger", "Orientale", "Behinderter" oder "chick" für Afrikaner, Asiaten, körperlich eingeschränkte Personen oder Frauen hatten ursprünglich keine abwertenden Konnotationen. "Broad" und "chick" waren bloss die weiblichen Entsprechungen zu "guy", "dude" oder "fellow": Kerl, Bursche, Kumpel. Die negativen Konnotationen haben erst die Aktivisten selbst mit diesen Ausdrücken verbunden.
Manche Tierschützer gehen so weit, dass sie das Wort "pet", Haustier, ablehnen und auf der Bezeichnung "animal companion", Tier-Gefährte, bestehen. Linksgerichtete Anthropologen geben sich große Mühe zu vermeiden, irgend etwas über primitive Völker zu sagen, das womöglich als negativ interpretiert werden könnte. Sie ersetzen das Wort "primitiv" durch "nichtalphabetisiert" oder "schriftlos". Sie wirken fast paranoid in ihrer Befürchtung, den Eindruck zu erwecken, sie hielten irgendeine primitive Kultur im Vergleich zu unserer eigenen für minderwertig. (Wir wollen nicht unterstellen, dass primitive Kulturen der unseren tatsächlich unterlegen SIND. Wir wollen lediglich die Hypersensibilität linksgerichteter Anthropologen aufzeigen.)

12. Diejenigen, die am sensibelsten auf "politisch inkorrekte" Terminologie reagieren, sind nicht der durchschnittliche schwarze Ghettobewohner, der asiatische Immigrant, die misshandelte Frau und der Behinderte, sondern eine Minderheit von Aktivisten, von denen viele nicht einmal einer "unterdrückten" Gruppe angehören, sondern privilegierten Gesellschaftsschichten entstammen. Die Hochburg der "political correctness" bilden Universitätsprofessoren, die sichere Arbeitsplätze und gute Einkommen haben und die in ihrer Mehrheit heterosexuelle weiße Männer aus der mittleren bis oberen Mittelschicht sind.

13. Viele Linke identifizieren sich stark mit den Problemen von Gruppen, die allgemein als schwach (Frauen), unterdrückt (Indianer), abstoßend (Homosexuelle) oder anderweitig minderwertig angesehen werden. Die Linken selbst empfinden diese Gruppen als minderwertig. Sie würden es sich selbst gegenüber zwar nie zugeben, dass sie so empfinden, aber genau deswegen, weil sie diese Gruppen als minderwertig ansehen, identifizieren sie sich mit ihren Problemen. (Wir wollen nicht unterstellen, dass Frauen, Indianer usw. tatsächlich minderwertig SIND; uns geht es lediglich um linksgerichtete Psychologie.)

14. Feministinnen und Feministen sind verzweifelt darauf aus zu beweisen, dass Frauen genauso stark und fähig sind wie Männer. Dahinter steckt deutlich die Befürchtung, Frauen könnten NICHT so stark und fähig wie Männer sein.

15. Die Linken neigen dazu, alles zu hassen, was als stark, gut und erfolgreich gilt. Sie hassen Amerika, sie hassen die westliche Zivilisation, sie hassen weiße Männer, sie hassen Rationalität. Die Gründe, die die Linken für diesen Hass auf den Westen usw. selbst vorgeben, stimmen ganz klar nicht mit ihren wahren Motiven überein. Sie SAGEN, dass sie den Westen hassen, weil er kriegerisch, imperialistisch, sexistisch, ethnozentristisch usw. sei, aber wo diese Makel in sozialistischen Ländern oder primitiven Kulturen auftreten, wird der Linke Entschuldigungen dafür finden oder höchstens WIDERWILLIG zugeben, dass sie existieren; wohingegen er BEGEISTERT auf diese Makel hinweisen (und sie oft grob übertreiben) wird, wenn sie in westlichen Zivilisationen auftreten. So ist es klar, dass diese Makel nicht die tatsächlichen Motive für den Hass des Linken auf Amerika und den Westen sind. Er hasst Amerika und den Westen, weil sie stark und erfolgreich sind.

16. Begriffe wie "Selbstvertrauen", "Selbständigkeit", "Initiative", "Unternehmungsgeist", "Optimismus" usw. spielen im linken Vokabular nur eine geringe Rolle. Der Linke ist antiindividualistisch und pro-kollektivistisch. Er will, dass die Gesellschaft jedermanns Probleme löst, jedermanns Bedürfnisse befriedigt und für jeden sorgt. Er gehört nicht zu denen, die Vertrauen in ihre Fähigkeit haben, ihre eigenen Probleme zu lösen und ihre eigenen Bedürfnisse zu befriedigen. Der Linke lehnt das Wettbewerbsprinzip ab, weil er sich tief im Innern als Verlierer fühlt.

17. Kunstformen, die moderne linksgerichtete Intellektuelle ansprechen, thematisieren Elend, Niederlage und Verzweiflung, oder aber sie nehmen einen orgiastischen Ton an und werfen jegliche rationale Kontrolle über Bord, als ob es keine Hoffnung gäbe, irgend etwas durch rationale Berechnung zu vollbringen und als ob die einzige Möglichkeit sei, in den Empfindungen des Augenblicks zu versinken.

18. Moderne linksgerichtete Philosophen neigen dazu, Vernunft, Wissenschaft, objektive Realität zu verwerfen und auf einem Kulturrelativismus zu bestehen. Zwar kann man ernsthaft hinterfragen, worauf wissenschaftliche Erkenntnis beruht und wie, wenn überhaupt, ein Konzept objektiver Realität definiert werden kann. Aber ganz offensichtlich sind linksgerichtete Philosophen nicht einfach kühle Logiker, die die Grundlagen von Erkenntnis systematisch analysieren. Sie sind bei ihrem Angriff auf Wahrheit und Wirklichkeit emotional stark beteiligt. Sie greifen diese Konzepte aufgrund ihrer eigenen psychologischen Bedürfnisse an. Zum einen ist ihr Angriff ein Ventil für ihre Feindseligkeit, und er befriedigt, wenn er erfolgreich ist, ihren Machttrieb. Vor allem aber hasst der Linke Wissenschaft und Rationalität, weil diese gewisse Annahmen als wahr klassifizieren (d.h. als erfolgreich, als überlegen) und andere Annahmen als falsch (d.h. als gescheitert, als minderwertig). Die Minderwertigkeitsgefühle des Linken sind so tief verwurzelt, dass er eine solche Einteilung der Dinge in erfolgreich und überlegen einerseits und gescheitert und unterlegen andererseits nicht ertragen kann. Hierauf beruht auch die Ablehnung, die viele Linke dem Begriff von Geisteskrankheit und der Nützlichkeit von Intelligenztests entgegenbringen. Linke weisen genetische Erklärungen für menschliche Fähigkeiten und Verhaltensweisen zurück, weil solche Erklärungen dazu führen, dass einige Menschen anderen gegenüber als überlegen bzw. unterlegen erscheinen. Linke geben lieber der Gesellschaft das Verdienst oder die Schuld an den Fähigkeiten eines Menschen oder an deren Fehlen. Wenn ein Mensch denn "unterlegen" ist, so ist es nicht sein Verschulden, sondern das der Gesellschaft, die bei seiner Erziehung versagt hat.

19. Der Linke gehört üblicherweise nicht zu denen, die ihre Minderwertigkeitsgefühle durch Angeberei, Ichbezogenheit, Rüpelei, Selbstdarstellung oder rücksichtslose Konkurrenz kompensieren; denn jene haben ihren Glauben an sich selbst nicht völlig verloren. Es fehlt ihnen an Vertrauen in ihre Kräfte und an Selbstwertgefühl, aber sie können sich trotzdem vorstellen, stark zu sein, und die Anstrengungen, diese Stärke tatsächlich zu erlangen, sind die Ursache für ihr unangenehmes Verhalten.[2] Aber davon ist der Linke weit entfernt. Seine Minderwertigkeitsgefühle sind so eingefleischt, dass er sich nicht als starkes und wertvolles Individuum begreifen kann. Daher der Kollektivismus der Linken. Er kann sich nur als Mitglied einer großen Organisation oder einer Massenbewegung stark fühlen, mit der er sich identifiziert.

20. Man beachte die masochistische Tendenz linker Taktiken. Linke protestieren mit Sitzstreiks, indem sie sich vor Fahrzeugen auf den Boden niederlegen, sie provozieren bewusst die Polizei oder Rassisten, sie zu misshandeln, usw. Diese Taktiken mögen zwar oft wirkungsvoll sein, aber viele Linke nutzen sie nicht als Mittel zum Zweck, sondern weil sie masochistische Taktiken BEVORZUGEN. Selbsthass ist eine linke Eigenschaft.

21. Linke behaupten, dass ihr Aktivismus durch Mitgefühl oder moralische Prinzipien motiviert ist, und moralische Prinzipien

2 Wir behaupten nicht, dass ALLE, ja noch nicht einmal die meisten, Rüpel und rücksichtslosen Konkurrenten an Minderwertigkeitsgefühlen leiden.

spielen auch in der Tat eine Rolle für den übersozialisierten Typus des Linken. Aber Mitleid und moralische Prinzipien können nicht die Hauptmotive von linkem Aktivismus sein. Feindseligkeit ist ein zu herausragender Aspekt linken Verhaltens; ebenso der Machttrieb. Außerdem ist linkes Verhalten nicht rational überlegt darauf ausgerichtet, was für diejenigen, denen helfen zu wollen die Linken behaupten, am besten wäre. Wenn jemand zum Beispiel glaubt, eine Politik der gezielten Förderung von Minderheiten sei gut für Schwarze, ist es dann sinnvoll, diese in einer feindseligen oder dogmatischen Terminologie einzufordern? Ganz offensichtlich wäre es konstruktiver, diplomatisch und versöhnlich vorzugehen, denn das würde wenigstens eine verbale und symbolische Konzession gegenüber den Weißen bedeuten, die fürchten, die gezielte Minderheitenförderung würde sie benachteiligen. Aber linke Aktivisten gehen deshalb nicht so vor, weil es ihre emotionalen Bedürfnisse nicht befriedigen würde. Schwarzen zu helfen ist nicht ihr wahres Ziel. Statt dessen müssen die Rassismusprobleme als Vorwand dafür herhalten, dass die Linken ihre Feindseligkeit und ihren frustrierten Machttrieb ausleben. Doch tatsächlich schaden sie damit den Schwarzen, denn die feindselige Haltung der Aktivisten gegenüber der weißen Mehrheit schürt den Rassenhass.

22. Wenn es in unserer Gesellschaft überhaupt keine sozialen Konflikte gäbe, müssten die Linken Konflikte ERFINDEN, um einen Vorwand für ihr Getue zu haben.

23. Wir betonen, dass das Gesagte keine akkurate Beschreibung eines jeden, der als Linker bezeichnet werden könnte, geben soll. Es ist nur eine grobe Umrisszeichnung einer generellen Tendenz der linksgerichteten Ideologie.

ÜBERANGEPASSTHEIT

24. Mit dem Begriff "Sozialisation" oder Anpassung bezeichnen Psychologen den Erziehungsprozess, durch den Kinder dazu gebracht werden, so zu denken und zu handeln, wie es die Gesellschaft fordert. Jemand gilt als gut sozialisiert, wenn er an die moralischen Normen ihrer Gesellschaft glaubt und sie befolgt und sich als funktionierendes Teil in diese Gesellschaft einpasst. Es scheint daher zunächst unsinnig zu behaupten, viele Linke seien übersozialisiert oder überangepasst, da Linke im Allgemeinen als Aufrührer gelten. Trotzdem kann diese Behauptung aufrecht erhalten werden. Viele Linke sind nicht so aufrührerisch, wie es den Anschein hat.

25. Der moralische Code unserer Gesellschaft ist derart anspruchsvoll, dass niemand in vollkommener Übereinstimmung damit denken, fühlen und handeln kann. So gilt es etwa als unmoralisch, jemanden zu hassen, und doch hasst nahezu jeder zu irgendeinem Zeitpunkt einmal jemand anderen, ob er es sich eingesteht oder nicht. Manche Menschen sind derart stark angepasst, dass ihr Anspruch, moralisch zu denken, zu fühlen und zu handeln, für sie eine schwere Last bedeutet. Um Schuldgefühle zu vermeiden, müssen sie sich über ihre eigenen Motive ständig selbst betrügen und moralische Erklärungen für Gefühle und Handlungen finden, die in Wirklichkeit gar keinen moralischen Hintergrund haben. Solche Leute nennen wir "überangepasst".[3]

26. Überangepasstheit kann zu geringer Selbstachtung, Ohnmachtsgefühlen, Defätismus, Schuldgefühlen usw. führen. Eine der wichtigsten Methoden, mit denen unsere Gesellschaft Kinder sozialisiert, ist die, ihnen ein Gefühl der Scham zu vermitteln, wenn ihr Verhalten oder ihr Sprechen nicht den Erwartungen der Gesellschaft entspricht. Wenn dies übertrieben wird, oder wenn ein Kind besonders empfindlich ist, kommt es dazu, dass sich das Kind SEINER SELBST schämt. Außerdem sind die Gedanken und das Handeln des überangepassten Menschen durch die gesellschaftlichen Erwartungen stärker eingeschränkt als die eines weniger stark angepassten Menschen. Die Mehrheit der Menschen verstößt in nicht geringem Maße regelmäßig gegen Normen. Sie lügen, klauen, verstoßen gegen Ver-

3 Im viktorianischen Zeitalter litten viele überangepasste Menschen an ernsthaften psychischen Problemen, weil sie ihren Sexualtrieb unterdrückten oder zu unterdrücken versuchten. Freud hat offensichtlich seine Theorien an Menschen von diesem Typ entwickelt. Heute hat sich der Fokus der Sozialisation von der Sexualität zur Aggressivität verschoben.

kehrsregeln, drücken sich vor Arbeit, sie hassen jemanden, sie reden gehässig über den anderen oder intrigieren, um ihn loszuwerden. Der überangepasste Mensch kann diese Dinge nicht tun, oder wenn er sie tut, verursacht es in ihm ein Gefühl von Scham und Selbsthass. Der überangepasste Mensch ist noch nicht einmal in der Lage, ohne Schuldgefühle Gedanken oder Empfindungen zu haben, die der allgemein akzeptierten Moral entgegenstehen; er kann keine "schmutzigen" Gedanken denken. Und Sozialisation ist nicht nur eine Frage der Moral; wir werden auch sozialisiert, um vielen Verhaltensnormen zu genügen, die mit Moral nichts zu tun haben. So wird der überangepasste Mensch im Joch gehalten und bleibt sein ganzes Leben lang in den von der Gesellschaft vorgegebenen Bahnen. In vielen überangepassten Menschen führt dies zu einem Gefühl von Zwang und Machtlosigkeit, unter dem sie sehr leiden. Unserer Meinung nach gehört Überanpassung zu den schlimmsten Grausamkeiten, die Menschen einander antun.

27. Wir behaupten, dass ein erheblicher und einflussreicher Teil der modernen Linken überangepasst ist und dass ihre Überangepasstheit die Richtung der modernen linksgerichteten Ideologie stark bestimmt. Linke des übersozialisierten Typus sind eher Intellektuelle oder stammen aus der oberen Mittelschicht. Man beachte, dass Akademiker[4] die am stärksten angepasste Gruppe in unserer Gesellschaft sind und auch die am weitesten links stehende.

28. Der Linke vom überangepassten Typus versucht, durch Aufstand sein psychologisches Joch abzuschütteln und seine Autonomie zu behaupten. Aber meistens ist er nicht stark genug, um sich gegen die grundlegenden Werte der Gesellschaft aufzulehnen. Im Großen und Ganzen stehen die Ziele der heutigen Linken NICHT im Widerspruch zur allgemein akzeptierten Moral. Im Gegenteil, der Linke nimmt ein allgemein akzeptiertes moralisches Prinzip, gibt es als sein eigenes aus und beschuldigt dann die Mehrheit der Gesellschaft, dieses Prinzip zu verletzen. Beispiele: Rassengleichheit, Gleichheit der Geschlechter, Unterstützung der Armen, Frieden, Gewaltlosigkeit,

4 Nicht unbedingt eingeschlossen hochspezialisierte Ingenieure oder Vertreter der "reinen" Wissenschaften

Meinungsfreiheit, Tierschutz. Tiefgreifender, die Pflicht des Individuums, der Gesellschaft zu dienen und die Pflicht der Gesellschaft, das Individuum zu beschützen. All diese Werte sind in unserer Gesellschaft seit langem tief verwurzelt (wenigstens in ihren Mittel- und Oberschichten).[5] Diese Werte sind implizit oder explizit in den meisten Darstellungen der Massenkommunikationsmedien und des Bildungssystems genannt oder vorausgesetzt. Linke, besonders jene vom überangepassten Typus, lehnen sich im Allgemeinen nicht gegen diese Prinzipien auf, sondern rechtfertigen ihre Feindseligkeit gegenüber der Gesellschaft mit der Behauptung (die zu einem gewissen Grad wahr ist), dass sich die Gesellschaft nicht nach diesen Prinzipien richtet.

29. An einem Beispiel soll gezeigt werden, wie der übersozialisierte Linke tatsächlich die Konventionen unserer Gesellschaft akzeptiert, während er gleichzeitig vorgibt, sich dagegen aufzulehnen. Viele Linke setzen sich für eine gezielte Förderung von Schwarzen ein, dafür, dass Schwarze in prestigeträchtige Berufe aufsteigen können, für die Verbesserung der Bildung in schwarzen Schulen und finanzielle Unterstützung sol-

5 Es gibt viele Individuen aus der Mittel- und Oberschicht, die einige dieser Werte ablehnen, aber im allgemeinen ist ihre Ablehnung mehr oder weniger bedeckt. Solche Ablehnung erscheint in den Massenmedien nur in sehr geringem Maße. Der Tenor der Propaganda in unserer Gesellschaft ist zugunsten der genannten Werte.
Der Hauptgrund, aus dem diese Werte sozusagen die offiziellen Werte unserer Gesellschaft geworden sind, liegt darin, dass sie für das industrielle System nützlich sind. Gewalt wird verurteilt, weil sie das Funktionieren des Systems stören würde. Rassismus wird verurteilt, weil ethnische Konflikte ebenfalls das System stören und Diskriminierung die Talente von Angehörigen von Minderheitengruppen verschwendet, die dem System nützlich sein können. Armut muss "geheilt" werden, weil die unteren Klassen dem System Probleme bereiten und der Kontakt mit ihnen die Moral der anderen Klassen schwächt. Frauen werden in der Arbeitswelt unterstützt, weil ihre Begabungen dem System nützen und vor allem, weil Frauen mit fester Arbeit besser in das System direkt eingebunden werden anstatt nur über ihre Familien. Dies schwächt die familiäre Solidarität. (Die Führer des Systems behaupten, sie wollen die Familie stärken, aber tatsächlich wollen sie die Familie nur als effizientes Werkzeug zur Sozialisation der Kinder im Sinne des Bedarfs der Gesellschaft nutzen. Wir behaupten in den Abschnitten 51 und 52, dass sich das System nicht leisten kann, die Familie oder andere kleine soziale Gruppen stark und autonom werden zu lassen.)

cher Schulen; sie betrachten die Lebensweise der schwarzen "Unterschicht" als eine gesellschaftliche Schande. Sie wollen den Schwarzen in das System integrieren, indem sie einen Geschäftsmann, einen Rechtsanwalt oder einen Wissenschaftler aus ihm machen, der so ist wie die Weißen aus der Oberschicht. Die Linken werden einwenden, dass sie nichts weniger wünschen, als den Schwarzen zu einer Kopie des Weißen zu machen; im Gegenteil, sie wollen seine afro-amerikanische Kultur bewahren. Aber worin besteht diese Bewahrung der afro-amerikanischen Kultur? Sie kann kaum mehr bedeuten als typisch schwarze Küche, schwarze Musik, schwarze Mode und schwarze Kirchen bzw. Moscheen zu pflegen. Anders gesagt, diese Kultur kann sich nur in oberflächlichen Dingen äußern. Im WESENTLICHEN aber wollen die meisten überangepassten Linken den Schwarzen den Idealen der weißen Mittelklasse entsprechend formen. Er soll technische Fächer studieren, ein Manager oder Wissenschaftler werden und sein Leben damit verbringen, die Statusleiter emporzuklimmen um zu beweisen, dass Schwarze so gut sind wie Weiße. Schwarze Väter sollen "Verantwortung übernehmen", schwarze Banden sollen Gewalt ablehnen usw. Aber dies sind genau die Werte des industriell-technologischen Systems. Das System schert sich keinen Deut darum, was für Musik jemand hört, was für Kleidung er trägt oder welche Religion er ausübt, solange er zur Schule geht, eine angesehene Arbeit hat, die Statusleiter erklimmt, ein "verantwortungsvolles" Elternteil ist, nicht gewalttätig ist usw. In Wirklichkeit, wie sehr er es auch leugnen mag, will der überangepasste Linke den Schwarzen ins System integrieren und verlangt von ihm, dessen Werte zu übernehmen.

30. Wir behaupten nicht, dass Linke, sogar überangepasste Linke, NIEMALS gegen die grundlegenden Werte unserer Gesellschaft aufbegehren. Selbstverständlich tun sie das mitunter. Einige überangepasste Linke sind sogar so weit gegangen, gegen eines der wichtigsten gesellschaftlichen Prinzipien zu revoltieren, gegen die Gewaltlosigkeit. Nach ihrer eigenen Einschätzung ist körperliche Gewalt für sie eine Form der "Befreiung". Mit anderen Worten, sie benutzen Gewalt, um die psychologischen Zwänge zu durchbrechen, die ihnen anerzogen worden sind. Weil sie überangepasst sind, waren sie durch diese Zwänge stärker eingeengt als andere; daher ihr starkes Bedürfnis, sich davon zu befreien. Aber sie rechtfertigen ihre Revolte meist mit dem Vokabular der allgemein anerkannten Werte. Wenn sie Gewalt anwenden, begründen sie das damit, gegen Rassismus zu kämpfen oder ähnliches.

31. Es ist uns klar, dass man gegen die hier grob skizzierte linke Psychologie viele Einwände vorbringen kann. Die tatsächliche Lage ist komplex, und eine auch nur annähernd vollständige Beschreibung auf der Basis aller zugänglichen Fakten würde mehrere Bände füllen. Wir erheben nur den Anspruch, die beiden wichtigsten Tendenzen in der Psychologie der modernen Linken grob umrissen zu haben.

32. Die Probleme der Linken sind symptomatisch für die Probleme unserer gesamten Gesellschaft. Geringe Selbstachtung, Depressionsneigung und Defätismus sind nicht auf die Linke beschränkt. Wenn sie auch dort besonders wahrnehmbar sind, so sind sie doch in unserer Gesellschaft insgesamt weit verbreitet. Und die heutige Gesellschaft versucht uns stärker als jede vorhergehende zu sozialisieren. Experten sagen uns sogar, was wir essen sollen, wie wir Sport treiben sollen, wie unser Liebesleben sein soll, wie wir unsere Kinder aufziehen sollen und so weiter.

POWER PROCESS

33. Menschen haben ein Bedürfnis (wahrscheinlich biologisch bedingt) nach etwas, das wir den *power process*[6] nennen wollen. Es ist eng verbunden mit dem Bedürfnis nach Macht (weitgehend anerkannt), aber es ist nicht genau dasselbe. Der *power process* besteht aus vier Elementen. Die drei am deutlichsten definierbaren nennen wir Ziel, Anstrengung und Erreichen des Ziels. (Jeder braucht Ziele, die zu erreichen Anstrengung erfordert, und muss wenigstens einige seiner Ziele

6 Was genau mit *power process* gemeint ist, wird im folgenden erläutert. Es ist sowohl eine Art Trieb zur als auch eine Art Prozess der Selbstverwirklichung, weil aber die Macht (*power*) eine signifikante Rolle dabei spielt, soll der Begriff im englischen Original stehen bleiben. Anm. d. Ü.

erreichen.) Das vierte Element ist schwieriger zu definieren und ist möglicherweise nicht für jeden notwendig. Wir nennen es Autonomie und werden es später erörtern (Abschnitte 42-44).

34. Nehmen wir den hypothetischen Fall eines Menschen, der alles, was er will, sofort bekommt, einfach, indem er es sich wünscht. Dieser Mensch hat zwar Macht, aber er wird schwere psychische Probleme bekommen. Am Anfang wird es ihm Spaß machen, aber nach und nach wird er sich unerträglich langweilen und demoralisiert werden. Womöglich wird er eines Tages krankhaft depressiv. Die Geschichte zeigt, dass die müßige Aristokratie zur Dekadenz neigte. Die kämpfenden Aristokraten dagegen mussten sich anstrengen, um ihre Macht zu erhalten. Aber müßige, gesicherte Aristokraten, die nicht kämpfen mussten, wurden im Allgemeinen gelangweilt, hedonistisch und demoralisiert, trotz ihrer Machtfülle. Dies zeigt, dass Macht allein nicht genügt. Man muss Ziele haben, auf die man die Ausübung seiner Macht richtet.

35. Jeder hat Ziele; selbst wenn diese nur darin bestehen, das Lebensnotwendigste zu erlangen: Nahrung, Wasser und dem Klima angemessene Kleidung und Unterkunft. Der müßige Aristokrat bekommt diese Dinge ohne Anstrengungen. Daher seine Langeweile und Kraftlosigkeit.

36. Das Nichterreichen wichtiger Ziele endet mit dem Tod, wenn es sich dabei um lebensnotwendige Ziele handelt, und mit Frustration, wenn die Ziele nicht lebensnotwendig sind. Lebenslanges ständiges Scheitern beim Versuch, seine Ziele zu erreichen, führt schließlich zu Defätismus, geringer Selbstachtung oder Depression.

37. Also muss der Mensch, um ernsthafte psychologische Probleme zu vermeiden, Ziele haben, deren Erreichen Anstrengung erfordert, und er muss eine gewisse Erfolgsrate beim Erreichen dieser Ziele haben.

ERSATZHANDLUNGEN

38. Nicht jeder müßige Aristokrat wird irgendwann gelangweilt und demoralisiert. Kaiser Hirohito widmete sich der Meeresbiologie, anstatt einem dekadenten Hedonismus zu verfallen und zeichnete sich auf diesem Gebiet besonders aus. Wenn Menschen ohne Anstrengung ihre körperlichen Bedürfnisse befriedigen können, schaffen sie sich oft künstliche Ziele. In vielen Fällen verfolgen sie diese Ziele mit derselben Energie und emotionalen Beteiligung, die sie sonst für das Streben nach Lebensnotwendigem eingesetzt hätten. So hatten die Aristokraten des Römischen Reiches literarische Ambitionen; viele europäische Aristokraten investierten vor einigen Jahrhunderten enorm viel Zeit und Aufwand in die Jagd, obwohl sie das Fleisch sicherlich nicht brauchten; andere Aristokraten versuchten ihr Ansehen zu vergrößern, indem sie ihren Reichtum auf ausgesuchte Weise darstellten, und ein paar Aristokraten, wie Hirohito, wandten sich der Wissenschaft zu.

39. Mit dem Begriff "Ersatzhandlung" bezeichnen wir eine Handlung, die sich auf ein künstliches Ziel richtet, welches sich Menschen nur deshalb setzen, damit sie etwas haben, wonach sie streben können, oder sagen wir, nur für die "Erfüllung", die ihnen das Streben nach diesem Ziel bringt. Eine Faustregel zum Erkennen von Ersatzhandlungen geht folgendermaßen: Eine Person, die viel Zeit und Energie in das Streben nach Ziel X investiert, frage man: Wenn sie den größten Teil ihrer Zeit und Energie daran geben müsste, ihre biologischen Bedürfnisse zu befriedigen, und wenn diese Anstrengung es erforderte, dass die Person ihre körperlichen und geistigen Fähigkeiten auf abwechslungsreiche und interessante Weise einsetzte, würde sie dann frustriert sein, wenn sie Ziel X nicht erreicht? Wenn die Antwort Nein ist, ist das Streben der Person nach Ziel X eine Ersatzhandlung. Hirohitos Meeresbiologie-Studien stellten ganz klar eine Ersatzhandlung dar, denn es ist recht sicher, dass Hirohito, wenn er seine Zeit auf interessante nicht-wissenschaftliche Arbeiten hätte verwenden müssen, um das Lebensnotwendige zu bekommen, nicht frustriert gewesen wäre, nur weil er nicht alles über die Anatomie und die Lebenszyklen der Meeresfauna gewusst hätte. Im Gegensatz dazu ist das Streben nach Sex und Liebe (zum Beispiel) keine Ersatzhandlung, denn die meisten Menschen wären, auch wenn ihre Existenz anderweitig befriedigend wäre, frustriert, hätten sie ihr Leben lang nie eine Beziehung mit einer Person des anderen Geschlechts. (Aber das Streben nach übermäßig viel Sex, mehr als man wirklich braucht, kann eine Ersatzhandlung sein.)

40. In der modernen Industriegesellschaft sind nur minimale Anstrengungen erforderlich, um die physischen Bedürfnisse zu befriedigen. Es reicht, eine Ausbildung zu absolvieren, sich leichte technische Fähigkeiten anzueignen, dann pünktlich zur Arbeit zu kommen und das bescheidene Maß an Anstrengung aufzuwenden, das nötig ist, um einen Job zu halten. Die einzigen Voraussetzungen sind ein bescheidenes Maß an Intelligenz und, vor allem, simpler GEHORSAM. Wenn man diese Voraussetzungen erfüllt, sorgt die Gesellschaft für einen von der Wiege bis zum Grab. (Ja, sicher gibt es eine Unterschicht, die die Erfüllung ihrer physischen Bedürfnisse nicht voraussetzen kann, aber wir sprechen hier vom gesellschaftlichen Mainstream.) So ist es nicht überraschend, dass Ersatzhandlungen in der modernen Gesellschaft sehr häufig vorkommen. Dazu gehören wissenschaftliche Arbeit, sportliche Leistungen, humanitäre Tätigkeiten, künstlerisches und literarisches Schaffen, das Erklimmen der Firmenhierarchie, das Anhäufen von Geld und Gütern weit über den Punkt hinaus, an dem diese zusätzliche physische Befriedigung geben, und sozialer Aktivismus, wo er Themen betrifft, die nicht für den Aktivisten selbst wichtig sind, wie im Falle der weißen Aktivisten, die für die Rechte nichtweißer Minderheiten kämpfen. Dies sind nicht immer REINE Ersatzhandlungen, denn für viele Menschen mögen sie teilweise durch andere Bedürfnisse motiviert sein als dem, einfach einem Ziel zuzustreben. Wissenschaftliche Arbeit mag zum Teil durch das Streben nach Prestige motiviert sein, künstlerisches Schaffen durch das Bedürfnis, Gefühle auszudrücken, militanter sozialer Aktivismus durch Feindseligkeit. Aber für die meisten Menschen sind diese Aktivitäten zum großen Teil Ersatzhandlungen. Zum Beispiel wird die Mehrheit der Wissenschaftler wohl zustimmen, dass die "Erfüllung", die ihnen ihre Arbeit bringt, wichtiger ist als Geld und Prestige.

41. Für viele, wenn nicht gar alle Menschen sind Ersatzhandlungen weniger befriedigend als das Streben nach wahren Zielen (Ziele, die Menschen auch dann erreichen wollen würden, wenn ihr Bedürfnis nach dem *power process* schon erfüllt wäre). Ein Anzeichen dafür ist die Tatsache, dass viele oder die meisten der Menschen, die sich intensiv ihren Ersatzhandlungen widmen, immer rastlos und nie zufrieden sind. So strebt der Kapitalist ständig nach mehr und mehr Reichtum. Der Wissenschaftler hat kaum ein Problem gelöst, schon nimmt er das nächste in Angriff. Der Langstreckenläufer verlangt sich immer noch weitere Strecken und höhere Geschwindigkeit ab. Viele Menschen, die sich Ersatzhandlungen widmen, werden behaupten, dass diese ihnen viel mehr Erfüllung bringen als die "banale" Befriedigung der physischen Bedürfnisse, aber das liegt daran, dass in unserer Gesellschaft die Anstrengung, die notwendig ist, um diese Bedürfnisse zu befriedigen, trivial gering geworden ist. Vor allem befriedigen die Menschen ihre physischen Bedürfnisse nicht AUTONOM, sondern als Teilchen einer immensen sozialen Maschine. Demgegenüber genießen die Menschen im Allgemeinen viel Autonomie beim Betreiben ihrer Ersatzhandlungen.

AUTONOMIE

42. Autonomie als Teil des *power process* mag nicht für jeden eine Notwendigkeit sein. Aber die meisten Menschen brauchen ein bestimmtes Maß an Autonomie, um ihre Ziele zu verwirklichen. Sie müssen ihre Anstrengungen dafür auf eigenen Entschluss hin beginnen und sie unter eigener Führung und Kontrolle durchführen können. Doch müssen Entschluss, Ausrichtung und Kontrolle nicht unbedingt von jedem einzelnen Individuum gefasst bzw. ausgeübt werden. Normalerweise ist es ausreichend, als Mitglied einer KLEINEN Gruppe zu handeln. Wenn so ein halbes Dutzend Leute untereinander ein Ziel ausmacht und es erfolgreich in gemeinsamer Anstrengung erreicht, wird das Bedürfnis nach dem *power process* jedes einzelnen erfüllt. Aber wenn sie unter strikter Anweisung von oben handeln, die ihnen keinen Raum für autonome Entscheidungen und Eigeninitiative belässt, wird dieses Bedürfnis nicht befriedigt werden. Das gleiche gilt, wenn Entscheidungen kollektiv getroffen werden, die Gruppe aber so groß ist, dass die Rolle des einzelnen Individuums darin unbedeutend ist.[7]

43. Es stimmt, dass einige Menschen offenbar nur ein geringes Bedürfnis nach Selbstverwirklichung haben. Entweder ist ihr Machttrieb schwach entwickelt oder sie befriedigen ihn, indem sie sich mit einer mächtigen Organisation identifizieren, der sie angehören. Und dann gibt es noch geistlose, animalische Typen, denen die reine physische Macht genügend Befriedigung verschafft (der gute Frontsoldat, dem seine Geschicklichkeit im Kampf genügend Machtgefühl gibt, und dem es völlig ausreicht, diese in blindem Gehorsam gegenüber seinen Vorgesetzten einzusetzen).

44. Doch für die meisten Menschen gilt, dass ihnen der *power process* – ein Ziel zu haben, eine selbständige Anstrengung dafür zu unternehmen und es schließlich zu erreichen – Selbstachtung, Selbstvertrauen und Machtgefühle verschafft. Wenn jemand keine angemessene Gelegenheit bekommt, den *power process* zu durchlaufen, sind die Konsequenzen (abhängig von der Persönlichkeit und von der Art und Weise, wie der *power process* gestört oder abgebrochen wurde) Langeweile, Mutlosigkeit, schwache Selbstachtung, Minderwertigkeitsgefühle, Defätismus, Depressionen, Angst- und Schuldgefühle, Frustration, Feindseligkeit, Misshandlungen von Frau und Kindern, unstillbarer Hedonismus, abnormes Sexualverhalten, Schlafstörungen, Essstörungen usw.[8]

7 Man kann einwenden, dass die Mehrheit der Menschen keine eigenen Entscheidungen treffen will, sondern Führer wünscht, die ihr das Denken abnimmt. Es gibt ein Körnchen Wahrheit in diesem Einwand. Menschen treffen gerne ihre eigenen Entscheidungen in kleinen Dingen, aber Entscheidungen in schwierigen, grundlegenden Fragen erfordern Auseinandersetzungen bis hin zu psychologischen Konflikten. Also verlassen sie sich bei schwierigen Entscheidungen lieber auf andere. Aber daraus folgt nicht, dass sie sich gerne Entscheidungen aufstülpen lassen ohne die Gelegenheit, diese irgendwie zu beeinflussen. Die meisten Menschen sind geborene Mitläufer, nicht Führer, aber sie möchten direkten persönlichen Zugang zu den Führern haben, sie wollen die Führer beeinflussen können und in gewissem Maße sogar an den schwierigen Entscheidungen teilhaben. Mindestens zu diesem Grad brauchen auch sie Autonomie.

8 Manche dieser Symptome ähneln denen von Tieren in Käfighaltung.

DIAGRAMM DER SYMPTOME, DIE BEI EINER STÖRUNG DES POWER PROCESS AUFTRETEN

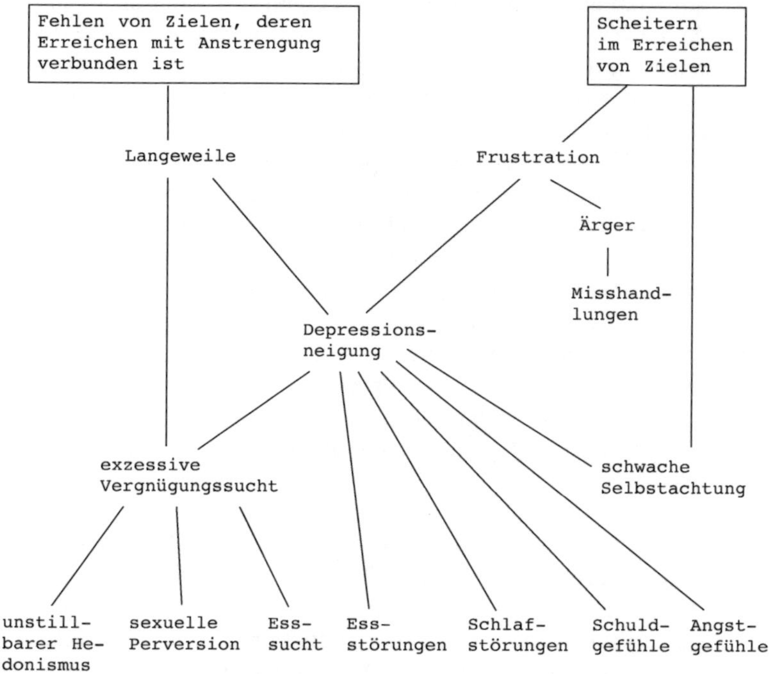

Zur Entstehung dieser Deprivationssymptome im *power process*: Bereits einem Laienverständnis der menschlichen Natur zufolge führt das Fehlen von anspruchsvollen Zielen zu Langeweile, diese Langeweile führt, wenn sie lange andauert, oft irgendwann zu Depressionen. Das Scheitern im Erreichen der Ziele führt zu Frustration und zur Schwächung der Selbstachtung. Frustration führt zu Ärger, Ärger zu Aggression, häufig in Form von Misshandlungen von Frau und Kindern. Es ist erwiesen, dass lang anhaltende Frustration im allgemeinen zu Depression führt und Depressionen sich häufig in Angst- und Schuldgefühlen, Schlafstörungen, Essstörungen und einem negativen Selbstbild niederschlagen. Diejenigen, die zu Depressionen neigen, suchen als Gegenmittel häufig Vergnügungen; daher der unstillbare Hedonismus und exzessiver Sex, wobei Perversionen zusätzliche Lust geben sollen. Auch der Gelangweilte neigt zu ausufernder Vergnügungssucht, wobei das Vergnügen in Ermangelung anderer Ziele selbst zum Ziel wird. Siehe auch das Diagramm.

45. Jedes der bisher dargestellten Symptome kann in jeder Gesellschaft auftreten, in der modernen Industriegesellschaft sind sie jedoch in verstärktem Maße vorhanden. Wir sind nicht die ersten die darauf hinweisen, dass die Welt heute aus den Fugen zu geraten scheint. Dies ist eine außergewöhnliche Situation in der Geschichte der menschlichen Gesellschaft. Es gibt gute Gründe anzunehmen, dass der primitive Mensch weniger unter Stress und Frustration gelitten hat und mit seinem Leben zufriedener war als der heutige Mensch es ist. Zwar war nicht alles eitel Sonnenschein in primitiven Gesellschaften. Unter den australischen Aborigines war es üblich, Frauen zu schlagen, Transsexualität war unter einigen amerikanischen Indianerstämmen recht weit verbreitet. Aber es scheint so, dass IM ALLGEMEINEN die Art von Problemen, die wir in den obigen Abschnitten aufgeführt haben, unter primitiven Völkern weit weniger verbreitet gewesen sind als in der modernen Gesellschaft.

46. Wir führen die sozialen und psychologischen Probleme der modernen Gesellschaft auf die Tatsache zurück, dass diese Gesellschaft den Menschen grundlegend andere Lebensbedingungen aufzwingt als die, unter denen die Menschheit sich herausgebildet hat, und von ihnen ein Verhalten verlangt, das den Verhaltensmustern entgegensteht, die sich im Leben unter den früheren Bedingungen entwickelt haben. Aus dem bisher Gesagten wird klar, dass für uns das Fehlen von Möglichkeiten, den *power process* anders als durch Ersatzhandlungen zu erfahren, die schwerwiegendste der abnormen Bedingungen darstellt, denen die moderne Gesellschaft die Menschen unterwirft. Doch ist sie nicht die einzige. Bevor wir die Störung des *power*

Das Gesagte ist eine Vereinfachung. Die Wirklichkeit ist komplexer, und selbstverständlich ist Deprivation im *power process* nicht die EINZIGE Ursache der beschriebenen Symptome.
Übrigens meinen wir mit Depression nicht nur so schwere Depressionen, die die Behandlung durch einen Psychiater erfordern. Häufig sind nur milde Formen der Depression im Spiel. Und wenn wir von Zielen sprechen, meinen wir nicht nur langfristige, durchdachte Ziele. Im Laufe der Menschheitsgeschichte war die Sorge um ein Leben von der Hand in den Mund (das heißt, die bloße tägliche Versorgung der eigenen Familie mit Nahrung) ein durchaus ausreichendes Ziel.

process als eine Quelle sozialer Probleme genauer behandeln, werden wir einige der anderen Quellen erörtern.

47. Zu den abnormen Bedingungen der modernen Industriegesellschaft gehören die exzessive Bevölkerungsdichte, die Isolation des Menschen von der Natur, die ungeheure Geschwindigkeit sozialen Wandels und der Zusammenbruch natürlicher kleinerer Gemeinschaften wie Großfamilie, Dorf oder Stamm.

48. Bekanntlich verursachen eine hohe Bevölkerungsdichte und Menschenmengen Stress und Aggression. Die heutige Dichte der Menschen und ihre Isolation von der Natur sind Folgen des technologischen Fortschritts. Alle vorindustriellen Gesellschaften waren vorwiegend ländlich. Die industrielle Revolution hat die Größe der Städte und den Anteil der Städter innerhalb der Gesamtbevölkerung ungeheuer anwachsen lassen, und durch moderne Agrartechnologie wurde es möglich, eine so dicht wie nie zuvor zusammenlebende Bevölkerung überhaupt zu ernähren. (Auch verschlimmert die Technologie die Konsequenzen der Überbevölkerung, weil sie den Menschen verstärkt zerstörerische Kräfte zugänglich gemacht hat. Zum Beispiel viele lärmerzeugende Maschinen wie Mähmaschinen, Radios, Motorräder usw. Wenn die Benutzung dieser Maschinen nicht eingeschränkt wird, frustriert dies Menschen, die Ruhe und Frieden suchen. Wenn die Benutzung eingeschränkt wird, frustriert es die Menschen, die diese Maschinen benutzen. Aber wenn diese Maschinen nie erfunden worden wären, gäbe es keine Konflikte und Frustrationen durch sie.)

49. Für primitive Gesellschaften stellte die natürliche Umwelt (die sich gewöhnlich nur langsam verändert) stabile Rahmenbedingungen dar und gab ihnen somit ein Gefühl von Sicherheit. In der modernen Welt beherrscht die menschliche Gesellschaft die Natur und nicht umgekehrt, und die moderne Gesellschaft verändert sich aufgrund der technologischen Veränderungen sehr rasch. So gibt es keine stabilen Rahmenbedingungen mehr.

50. Die Konservativen sind Narren: Sie jammern über den Verfall traditioneller Werte, und doch unterstützen sie mit Begeisterung jeden technischen Fortschritt und ökonomisches Wachstum. Offenbar kommt es ihnen nicht in den Sinn, dass man keine raschen und drastischen Veränderungen in der Technologie und der Wirtschaft einer Gesellschaft haben kann, ohne auch in allen anderen gesellschaftlichen Aspekten rasche Veränderungen zu verursachen, und solche raschen Veränderungen führen unvermeidlich zum Verfall traditioneller Werte.

51. Der Zusammenbruch traditioneller Werte zieht auch in einem gewissen Maß die Zerstörung der Bindungen nach sich, die traditionelle kleine soziale Gruppen zusammenhalten. Die Zersetzung dieser Gruppen wird durch die Tatsache noch gefördert, dass die modernen Lebensbedingungen den Individuen häufig abverlangen oder sie dazu verlocken, an neue Orte zu ziehen und sich von ihren Gemeinschaften zu lösen. Außerdem MUSS die technologische Gesellschaft die Familienbande und kleine Gemeinschaften schwächen, wenn sie effizient funktionieren soll. In der modernen Gesellschaft muss ein Individuum an erster Stelle dem System gegenüber loyal sein und erst an zweiter Stelle der kleineren Gemeinschaft gegenüber, denn wenn die internen Loyalitäten der Gemeinschaften stärker wären als die Loyalität zum System, würden die Gemeinschaften auf Kosten des Systems ihren eigenen Vorteil suchen.

52. Angenommen, ein öffentlicher Beamter oder ein Verwaltungsangestellter gibt seinem Vetter, seinem Freund oder seinem Glaubensgenossen eher einen freien Posten als der Person, die für diese Arbeit am besten qualifiziert wäre. Dann hat er persönliche Loyalität über seine Loyalität zum System gestellt, und wir haben es mit "Nepotismus" oder "Diskriminierung" zu tun, beides schreckliche Sünden in der modernen Gesellschaft. Möchtegern-Industriegesellschaften, denen es nicht gelungen ist, persönliche oder lokale Loyalitäten der Loyalität zum System unterzuordnen, sind gewöhnlich sehr leistungsschwach (siehe Lateinamerika). Also kann eine hochentwickelte Industriegesellschaft nur solche kleinen Gemeinschaften tolerieren, die kraftlos und gezähmt sind und dem System als willfährige Werkzeuge dienen.[9]

9 Eine Ausnahme stellen einige passive, nach innen gerichtete Gruppen dar wie die Amish, die kaum Auswirkungen auf die größere Gesellschaft haben. Außer diesen existieren heute noch ein paar echte kleinere Gemeinschaften in

53. Überbevölkerung, rascher sozialer Wandel und die Zerstörung kleiner Gemeinschaften sind weitgehend als Ursachen sozialer Probleme anerkannt. Aber wir glauben nicht, dass sie als Erklärung für das Ausmaß der Probleme, die wir heute erkennen, ausreichen.

54. Einige vorindustrielle Städte waren sehr groß und dicht bevölkert, doch scheinen ihre Bewohner nicht im selben Maße an psychischen Problemen gelitten zu haben wie der moderne Mensch. In Amerika gibt es noch immer einige dünn besiedelte ländliche Gegenden, und dort finden wir dieselben Probleme wie in urbanen Gegenden, obwohl sie auf dem Land im Allgemeinen weniger akut sind. Also scheint die Bevölkerungsdichte nicht der entscheidende Faktor zu sein.

55. Mit dem zunehmenden Vorstoß ins amerikanische Grenzland, den "Wilden Westen", im 19. Jahrhundert hat die Mobilität der Bevölkerung sicherlich große Familien und kleine Gemeinschaften auseinandergerissen, mindestens im selben Maße wie dies heute geschieht. Tatsächlich lebten damals viele Kleinfamilien freiwillig in völliger Abgeschiedenheit. Im Umkreis mehrerer Meilen hatten sie weder Nachbarn noch Verbindung zu Ortschaften, und doch scheint dies nicht zu Problemen geführt zu haben.

Amerika. Zum Beispiel Jugendbanden und "Sekten". Jeder hält sie für gefährlich, und das sind sie auch, weil die Mitglieder dieser Gruppen primär zueinander loyal sind anstatt zum System, also kann das System sie nicht kontrollieren.
Oder nehmen wir die Zigeuner. Im allgemeinen werden Zigeuner für Diebstahl und Betrug nicht bestraft, weil ihre Loyalitäten so geartet sind, dass sich immer andere Zigeuner finden werden, die durch ihre Aussage die Unschuld der ersten "beweisen". Ganz offensichtlich wäre das System in ernster Gefahr, wenn zu viele Menschen solchen Gruppen angehörten.
Einige chinesische Philosophen des frühen zwanzigsten Jahrhunderts erkannten, dass die Modernisierung Chinas es erfordern würde, kleine soziale Gemeinschaften wie die Familie zu zerstören: "(Nach Sun Yat-sen) brauchte das chinesische Volk eine neue Welle des Patriotismus, die zu einer Verschiebung der Loyalitäten von der Familie zum Staat führen würde. [...] (Nach Li Huang) mussten traditionelle Bindungen, besonders in der Familie, aufgegeben werden, wenn sich in China Nationalismus entwickeln sollte." [Chester C. Tan, *Chinese Political Thought in the Twentieth Century*, p.124, p.297]

56. Auch war der soziale Wandel in der amerikanischen Pioniergesellschaft rasch und tiefgreifend. Es war möglich, dass ein Mensch in einer Blockhütte geboren wurde und dort aufwuchs, außerhalb der Reichweite von Recht und Ordnung, und sich vorwiegend von Wild ernährte; und dass dieser Mensch im Alter einer geregelten Arbeit nachging und in einer geordneten Gesellschaft mit einem organisierten Polizeiapparat lebte. Das waren tiefergreifende Veränderungen, als sie im Leben eines modernen Menschen üblicherweise vorkommen, und doch scheinen diese nicht zu psychologischen Problemen geführt zu haben. Tatsächlich hatte die amerikanische Gesellschaft des 19. Jahrhunderts eine optimistische und selbstbewusste Grundeinstellung, sehr im Gegensatz zur heutigen Gesellschaft.[10]

57. Der Unterschied, so meinen wir, liegt darin, dass der moderne Mensch das (berechtigte) Gefühl hat, ihm sei der Wandel AUFGEZWUNGEN worden, wohingegen der Pionier des 19. Jahrhunderts das (ebenso berechtigte) Gefühl hatte, den Wandel selbst herbeizuführen, aus eigenem Willen. Ein Pionier siedelte auf einem Stück Land seiner Wahl und machte mit eigener Anstrengung eine Farm daraus. In jenen Zeiten konnte ein ganzer Landkreis nur ein paar hundert Einwohner haben und viel abgeschiedener und autonomer sein als ein vergleichbarer Bezirk heute. So nahm der Pionier-Farmer als Mitglied einer recht kleinen Gruppe aktiv daran Teil, eine neue, geordnete Gemeinschaft zu schaffen. Man kann sich fragen, ob die Schaffung dieser Gemeinschaft eine Verbesserung war, aber jedenfalls befriedigte sie das Bedürfnis des Pioniers nach seiner Selbstverwirklichung im *power process*.

58. Man könnte andere Beispiele von Gesellschaften geben, in denen es raschen sozialen Wandel und/oder fehlende gemeinschaftliche Bindungen ohne die massiven Verhaltensstörungen gab, die wir in der heutigen Industriegesellschaft beobachten. Wir behaupten, dass die wichtigste Ursache sozialer und psychologischer Probleme in der modernen Gesellschaft darin liegt, dass die Menschen nur unzureichend Gelegenheit haben, den *power process* auf normale Weise zu durchlaufen. Wir

10 Es ist uns bewusst, dass das Amerika des 19. Jahrhunderts seine ernsten Probleme hatte, aber um der Kürze willen müssen wir vereinfachen.

wollen nicht sagen, dass die moderne Gesellschaft die einzige sei, in der der *power process* gestört wird. Wahrscheinlich haben die meisten oder alle Gesellschaften mehr oder weniger stark in den *power process* eingegriffen. Aber in der modernen Industriegesellschaft ist das Problem besonders schwerwiegend geworden. Linksgerichtete Ideologie, wenigstens in ihrer neuen Form (Mitte bis Ende des 20. Jahrhunderts), ist zum Teil ein Symptom der Deprivation im *power process*.

STÖRUNG DES *POWER PROCESS* IN DER MODERNEN GESELLSCHAFT

59. Wir teilen die menschlichen Triebe in drei Gruppen ein: (1) Triebe, die durch geringste Anstrengungen befriedigt werden können; (2) Triebe, die nur durch große Anstrengungen befriedigt werden können; (3) Triebe, die trotz aller Anstrengungen nicht angemessen befriedigt werden können. Der *power process* ist ein Prozess der Befriedigung der Triebe der zweiten Gruppe. Je mehr Triebe der dritten Gruppe es gibt, desto mehr Frustration und Ärger und schließlich Defätismus und Depression usw. gibt es.

60. In der modernen Industriegesellschaft besteht die Tendenz, die natürlichen menschlichen Triebe in die erste und dritte Gruppe zu zwingen, während die zweite Gruppe zunehmend aus künstlich geschaffenen Bedürfnissen besteht.

61. In primitiven Gesellschaften fallen die physischen Bedürfnisse im Allgemeinen in die zweite Gruppe: Sie können befriedigt werden, aber unter großen Anstrengungen. In der modernen Gesellschaft dagegen ist die Befriedigung der physischen Bedürfnisse meistens für jedermann[11] mit minimalen Anstrengungen zu erreichen, daher gehören physische Bedürfnisse hier in die erste Gruppe. (Man kann darüber streiten, ob die Anstrengungen, eine feste Arbeit zu bekommen, wirklich "minimal" sind; aber im Allgemeinen, was niedrige und mittlere Arbeiten angeht, ist die einzige Erfordernis GEHORSAM. Man sitzt oder

11 Wir vernachlässigen die "Unterschicht". Wir sprechen vom Mainstream.

steht dort, wo man angewiesen wurde zu sitzen oder zu stehen, und tut dasjenige auf die Art und Weise, wie es einem gesagt wurde. Selten nur muss man sich wirklich anstrengen, und in kaum einem Fall hat man bei der Arbeit irgendeine Autonomie, so dass das Bedürfnis nach *power process* nicht befriedigt werden kann.)

62. Soziale Bedürfnisse wie Sexualität, Liebe und gesellschaftliches Ansehen gehören in der modernen Gesellschaft in die zweite Gruppe, dies ist abhängig von der Situation des Einzelnen.[12] Aber abgesehen von Menschen, die ein ausnehmend starkes Geltungsbedürfnis haben, ist die Anstrengung, die nötig ist, um diese sozialen Bedürfnisse zu befriedigen, nicht ausreichend, um das Bedürfnis nach dem *power process* ebenfalls angemessen zu befriedigen.

63. Deshalb wurden gewisse künstliche Bedürfnisse geschaffen, die in die zweite Gruppe gehören, die also das Bedürfnis nach dem *power process* befriedigen sollen. Werbe- und Marketingstrategien wurden entwickelt, die bei vielen Menschen Bedürfnisse nach Dingen wecken, die ihre Großeltern niemals gewünscht und sich nicht hätten träumen lassen. Da es große Anstrengungen erfordert, genug Geld zu verdienen, um diese künstlichen Bedürfnisse zu befriedigen, fallen sie in die zweite Gruppe. (Man beachte allerdings die Abschnitte 80-82.) Der moderne Mensch muss sein Bedürfnis nach dem *power process* weitgehend durch das Streben nach künstlichen, von der Werbe- und Marketingindustrie[13] hervorgerufenen Bedürfnissen und durch Ersatzhandlungen befriedigen.

12 Einige Soziologen, Pädagogen, Psychologen und dergleichen versuchen angestrengt, diese sozialen Triebe in die erste Gruppe zu verschieben, damit möglichst jeder ein zufriedenstellendes Sozialleben hat.

13 Ist das Bedürfnis nach unbegrenztem Erwerb materieller Güter wirklich ein durch die Werbe- und Marketingindustrie künstlich geschaffenes? Mit Sicherheit gibt es keinen angeborenen Trieb, Vermögen anzuhäufen. Es hat viele Kulturen gegeben, deren Völker nur einen geringfügig über das absolut Lebensnotwendige hinausgehenden materiellen Wohlstand anstrebten (australische Aborigines, traditionelle mexikanische Bauernkulturen, einige afrikanische Kulturen). Andererseits hat es auch viele vorindustrielle Kulturen gegeben, in denen materieller Reichtum eine wichtige Rolle spielte. Wir können deshalb nicht behaupten, dass die heutige erwerbsorientierte Kultur ausschließlich eine Schöpfung der Werbe- und Marketingindustrie wäre. Dennoch ist offensicht-

64. Für viele Menschen, vielleicht für die Mehrheit, scheinen diese künstlichen Formen des *power process* ungenügend zu sein. Ein Thema, das in sozialkritischen Schriften der zweiten Hälfte des 20. Jahrhunderts immer wiederkehrt, ist das Gefühl der Ziellosigkeit, unter dem in der modernen Gesellschaft viele Menschen leiden. (Diese Ziellosigkeit wird oft auch anders genannt, "Anomie" oder "Mittelklasse-Leere".) Wir vermuten, dass die sogenannte "Identitätskrise" tatsächlich eine Sinnsuche ist, eine Suche nach einer geeigneten Ersatzhandlung, der man sich widmen kann. Möglicherweise ist der Existenzialismus zum großen Teil eine Antwort auf die Ziellosigkeit modernen Lebens.[14] Das Streben nach "Erfüllung" ist in unserer Gesellschaft sehr weit verbreitet. Aber wir glauben, dass für die Mehrheit der Menschen eine Handlung, deren Hauptziel Erfüllung ist (also eine Ersatzhandlung), keine wirklich befriedigende Erfüllung bringen kann. Mit anderen Worten, eine solche Handlung befriedigt nicht wirklich das Bedürfnis nach dem *power process*. (Siehe Absatz 41) Dieses Bedürfnis kann nur durch

lich, dass die Werbe- und Marketingindustrie einen bedeutenden Anteil an der Schaffung dieser Kultur hatte. Die großen Unternehmen, die Millionen für Reklame ausgeben, würden dies kaum tun, wenn es nicht erwiesen wäre, dass sie dieses Geld durch erhöhte Verkäufe wieder einnehmen. Ein Mitglied von FC hat vor einigen Jahren einen Verkaufsmanager getroffen, der ihm offen und ehrlich erklärte: "Unser Job ist es, den Leuten Sachen aufzuschwatzen, die sie weder wünschen noch brauchen." Dann beschrieb er, wie ungeübte Verkäufer jemandem die tatsächlichen Eigenschaften eines Produkts erläutern und damit gar keine Verkäufe machen, während erfahrene und professionelle Verkäufer denselben Kunden eine Menge Waren verkaufen können. Dies zeigt, dass die Menschen dahingehend manipuliert werden, Waren zu kaufen, die sie nicht wirklich wollen.

14 Das Problem der Ziellosigkeit scheint seit Mitte der 1990er Jahre an Bedeutung verloren zu haben, weil sich die Menschen heute physisch und ökonomisch weniger abgesichert fühlen als früher und das Bedürfnis nach Sicherheit bietet ihnen ein Ziel. Aber statt der Ziellosigkeit ist jetzt die Frustration über die Schwierigkeit, Sicherheit zu erlangen, das Problem. Wir betonen das Problem der Ziellosigkeit, weil Linke unsere sozialen Probleme dadurch lösen wollen, dass die Gesellschaft jedem Sicherheit garantiert; aber selbst wenn das möglich wäre, würde das alte Problem der Ziellosigkeit wieder auftreten. Die Frage ist nicht, ob die Gesellschaft gut oder schlecht für die Sicherheit der Menschen sorgt; sondern das Problem liegt darin, dass die Menschen für ihre Sicherheit vom System abhängen und sie nicht in ihrer Hand liegt. Dies ist übrigens ein Grund dafür, dass sich manche Menschen so stark für das Recht, Waffen zu tragen, einsetzen; der Besitz eines Gewehrs vermittelt ihnen das Gefühl, wenigstens dieser Teil der Sicherheit liege in ihrer Hand.

Tätigkeiten völlig befriedigt werden, die ein äußeres Ziel haben, so wie physische Notwendigkeiten, Sex, Liebe, soziale Geltung, Rache usw.

65. Überdies sind die meisten Menschen, die solche Ziele haben, die durch Geldverdienen, Erklimmen der Karriereleiter oder das gute Funktionieren als Teil im System zu erreichen sind, nicht in der Position, ihre Ziele AUTONOM zu verfolgen. Die meisten Arbeiter sind als Angestellte von jemand anderem abhängig und müssen, wie wir in Abschnitt 61 ausgeführt haben, den ganzen Tag Dinge tun, die ihnen aufgetragen wurden, auf die Art und Weise, wie es ihnen aufgetragen wurde. Selbst diejenigen, die in ihrem eigenen Unternehmen arbeiten, haben dadurch nur begrenzte Autonomie. Es ist eine ständige Klage kleiner Gewerbetreibender und Unternehmer, dass ihnen durch übertriebene staatliche Reglementierung die Hände gebunden seien. Einige dieser Reglementierungen sind zweifellos unnötig, aber meistens sind staatliche Einschränkungen grundlegende und unabdingbare Aspekte unserer extrem komplexen Gesellschaft. Ein großer Teil der kleinen Unternehmen arbeitet heute auf der Basis von Franchise-Systemen. Vor ein paar Jahren wurde im *Wall Street Journal* berichtet, dass viele der Franchise-Lizenz-Geber von den Bewerbern verlangen, einen Persönlichkeitstest zu machen, der jene AUSSCHLIESSEN soll, die Kreativität und Initiative erkennen lassen, denn solche Personen sind nicht ausreichend unterwürfig, um im Franchise-System gehorsam zu funktionieren. Damit sind viele Unternehmer, die ein besonderes Bedürfnis nach Autonomie haben, vom Geschäft ausgeschlossen.

66. Heutzutage leben die Menschen eher nach dem, was das System für sie tut oder was es ihnen antut, als nach dem, was sie für sich selbst tun. Und was sie für sich tun, verläuft immer mehr in den Bahnen, die das System vorgibt. Gelegenheiten ergeben sich nur, wenn das System sie bereitstellt, sie müssen innerhalb der Regeln und Reglementierungen[15] genutzt werden

15 Die Bemühungen der Konservativen, die staatlichen Reglementierungen zu reduzieren, haben kaum Auswirkungen auf Durchschnittsbürger. Zum einen kann nur ein Bruchteil der Bestimmungen aufgehoben werden, da die meisten unverzichtbar sind. Zum anderen betrifft die Aufhebung solcher Bestimmungen meistens Geschäftsvorgänge und nicht Einzelpersonen, so dass das Ergebnis

und unter Beachtung der Techniken, die Fachleute vorgeben, wenn das Unternehmen Erfolg haben soll.

67. Somit ist in unserer Gesellschaft kein *power process* möglich, denn es gibt keine wirklichen Ziele und keine Autonomie, um diese Ziele durchzusetzen. Sie ist auch wegen der Zugehörigkeit dieser menschlichen Triebkräfte zur dritten Gruppe unmöglich, derjenigen Triebkräfte also, die man nicht hinreichend befriedigen kann, ganz gleich, welche Anstrengungen dafür unternommen werden. Eine dieser Triebkräfte ist das Sicherheitsbedürfnis. Unser Leben hängt von Entscheidungen anderer Leute ab; wir haben über diese Entscheidungen keine Kontrolle und kennen üblicherweise nicht einmal die Menschen, die sie treffen. ("Wir leben in einer Welt, in der relativ wenige Menschen – vielleicht 500 oder 1.000 – die wichtigen Entscheidungen treffen." Philip B. Heymann, Harvard Law School, zitiert nach Anthony Lewis, *New York Times* vom 21. April 1995) Unser Leben hängt davon ab, welche Sicherheitsstandards in Kernkraftwerken gewährleistet sind; wie hoch der zulässige Pestizidgehalt in unserer Nahrung ist oder wie hoch die zulässige Luftverschmutzung; wie kompetent (oder inkompetent) unser Arzt ist; ob wir einen Job bekommen oder verlieren kann von Entscheidungen abhängen, die von Wirtschaftsexperten der Regierung oder von Firmenmanagern getroffen werden, und so weiter. Die meisten Individuen sind nicht in der Lage, sich gegen diese Bedrohungen mehr als zu einem sehr geringen Grad abzusichern. Das Sicherheitsbedürfnis des einzelnen ist daher frustriert, was zu einem Gefühl der Ohnmacht führt.

68. Man könnte einwenden, dass der primitive Mensch physisch in größerer Unsicherheit lebte als der moderne Mensch, was sich auch in seiner kürzeren Lebenserwartung zeigt, und

vor allem darin besteht, dass der Regierung Macht entzogen und privaten Großunternehmen gegeben wird. Für den Durchschnittsbürger bedeutet dies bloß, dass Eingriffe in sein Privatleben weniger durch die Regierung, sondern durch große Firmen geschehen, denen zum Beispiel erlaubt wird, mehr Chemikalien in sein Trinkwasser zu leiten und damit sein Krebsrisiko zu erhöhen. Die Konservativen halten den Durchschnittsbürger für einen Dummkopf und nutzen seinen Zorn auf die Großen in der Regierung zur Vergrößerung der Macht der Großen in der Geschäftswelt.

der moderne Mensch eher weniger Unsicherheit erleide, jedenfalls nicht mehr, als es für Menschen normal ist. Doch geht psychologische Sicherheit nicht so eng mit physischer Sicherheit einher. Was uns uns sicher FÜHLEN lässt, ist nicht so sehr die objektive Sicherheit, als vielmehr ein Gefühl des Vertrauens in unsere Fähigkeiten, für uns selbst zu sorgen. Der primitive Mensch, der von einem Raubtier oder durch Hunger bedroht ist, kann sich kämpfend verteidigen oder auf der Suche nach Nahrung fortziehen. Er hat keine Erfolgsgarantie bei diesen Anstrengungen, aber er steht den Dingen, die ihn bedrohen, keinesfalls hilflos gegenüber. Das moderne Individuum ist dagegen vielen Bedrohungen hilflos ausgeliefert: nukleare Unfälle, krebserregende Stoffe in der Nahrung, Umweltverschmutzung, Krieg, Steuererhöhungen, Eingriffe in seine Privatsphäre durch große Organisationen, das ganze Land betreffende gesellschaftliche und wirtschaftliche Ereignisse, die seine Lebensweise zerstören können.

69. Es stimmt, dass auch der primitive Mensch gegen einige Bedrohungen machtlos ist, zum Beispiel gegen Krankheiten. Diesem Krankheitsrisiko kann er aber gelassen entgegen sehen, denn es gehört zu den natürlichen Dingen, es ist niemandes Schuld, außer die von imaginären, verkörperten Dämonen vielleicht. Dagegen sind die Bedrohungen des modernen Menschen weitgehend durch den MENSCHEN verursacht. Sie sind nicht das Ergebnis von Zufällen, sondern werden ihm von anderen Personen, deren Entscheidungen er einzeln nicht beeinflussen kann, AUFERLEGT. Infolgedessen entstehen bei ihm Gefühle von Frustration, Demütigung und Wut.

70. Somit bestimmt der primitive Mensch größtenteils selbst über seine Sicherheit (entweder als Individuum oder als Mitglied einer KLEINEN Gruppe), während die Sicherheit des modernen Menschen in den Händen von Menschen oder Organisationen liegt, die entweder zu fern oder zu umfassend sind, als dass er sie persönlich beeinflussen könnte. Damit gehört das Bedürfnis des modernen Menschen nach Sicherheit in die erste und dritte Gruppe; in einigen Bereichen (wie Nahrung, Unterkunft usw.) ist seine Sicherheit durch nur geringe Anstrengungen garantiert, wohingegen es in anderen Bereichen für ihn UNMÖGLICH ist, Sicherheit zu erlangen. (Das Gesagte vereinfacht die reale Situation stark, verdeutlicht aber im Groben und Allgemeinen den Unterschied der Lebensbedingungen zwischen dem modernen und dem primitiven Menschen.)

71. Menschen haben auch viele vorübergehende Bedürfnisse oder Impulse, die im modernen Leben zwangsläufig frustriert werden und die also in die dritte Gruppe fallen. Zum Beispiel werden Menschen wütend, aber die Gesellschaft lässt körperliche Auseinandersetzungen nicht zu. In vielen Situationen ist nicht einmal verbale Aggression erlaubt. Ob man eilig irgendwohin möchte oder aber Lust hat, langsam zu fahren, es bleibt einem nichts anderes übrig, als sich dem fließenden Verkehr anzupassen und die Verkehrsschilder zu beachten. Möglicherweise würde man eine andere Arbeitsweise vorziehen, aber üblicherweise muss man die Arbeit nach den vom Arbeitgeber vorgegebenen Regeln verrichten. Auf vielfache Weise wird der moderne Mensch durch ein Netzwerk von Regeln und Vorschriften (expliziten oder impliziten) niedergehalten, das viele seiner Impulse unterdrückt und somit den *power process* stört. Die meisten dieser Vorschriften sind für das Funktionieren der Industriegesellschaft unabkömmlich.

72. In gewisser Hinsicht ist die moderne Gesellschaft extrem freizügig. In Bereichen, die für das Funktionieren des Systems irrelevant sind, können wir im Allgemeinen tun, was wir wollen. Wir können jeder beliebigen Religion angehören (wenn diese nicht ein Verhalten fördert, das eine Gefahr für das System darstellt). Wir können mit jedem beliebigen Partner ins Bett gehen (solange wir "safer sex" praktizieren). Wir können alles tun, was wir wollen, solange es UNWICHTIG ist. In allen WICHTIGEN Bereichen wird das System jedoch in zunehmendem Maße unser Verhalten bestimmen.

73. Verhalten wird nicht nur durch Vorschriften und nicht nur von der Regierung bestimmt. Oft wird Kontrolle durch indirekten Zwang oder durch psychologischen Druck oder Manipulation ausgeübt, durch andere Organisationen als die Regierung oder durch das System selbst. Die meisten großen Organisationen nutzen Formen der Propaganda[16], um damit allgemeine

16 Wenn jemand den Zweck von Propaganda in einem bestimmten Fall gut-

Einstellungen und Verhaltensweisen zu manipulieren. Propaganda beschränkt sich nicht allein auf Werbung und Reklame und mitunter wird sie nicht einmal von den Leuten, die sie machen, bewusst als Propaganda verstanden. Zum Beispiel ist der Inhalt von Unterhaltungsprogrammen eine mächtige Propaganda. Ein Beispiel von indirektem Zwang: Es gibt kein Gesetz, dass uns zwingt, jeden Tag zur Arbeit zu gehen und den Anordnungen unserer Vorgesetzten zu folgen. Vom Gesetz her kann uns niemand hindern, wie primitive Menschen in der Wildnis zu leben oder uns selbständig zu machen. In der Realität ist aber kaum noch Wildnis vorhanden, und in der Wirtschaft ist nur für eine begrenzte Anzahl von kleinen Selbständigen Platz. Somit können die meisten von uns nur als Angestellte überleben.

74. Unserer Ansicht nach ist das zwanghafte Streben des modernen Menschen nach langer Lebensdauer, nach andauernder physischer Vitalität und sexueller Attraktivität bis ins hohe Alter ein Symptom für die Unerfülltheit seines Lebens, die ihren Grund in der Deprivation des *power process* hat. Ein solches Symptom ist auch die so genannte "Midlife-Crisis" sowie der in der modernen Gesellschaft weit verbreitete Verzicht auf Kinder, der in primitiven Gesellschaften nahezu unbekannt ist.

75. In primitiven Gesellschaften bedeutet Leben die Aufeinanderfolge von Lebensabschnitten. Wenn die Bedürfnisse und Zwecke eines Lebensabschnitts erfüllt sind, besteht keine besondere Abneigung dagegen, zum nächsten Abschnitt überzugehen. Der *power process* eines jungen Mannes besteht darin, zum Jäger zu werden, nicht als Sport oder weil es ihm Erfüllung gibt, sondern um das für seine Nahrung notwendige Fleisch zu bekommen. (Bei jungen Frauen verläuft der *power process* komplexer, da hier mehr Gewicht auf der sozialen Macht liegt; er soll hier nicht weiter berücksichtigt werden.) Wenn der junge Mann diese Lebensphase hinter sich hat, wird er ohne Widerstreben sesshaft werden und die Verantwortung für die Gründung einer Familie übernehmen. (Im Gegensatz dazu

heißt, nennt er sie im Allgemeinen "Erziehung" oder mit einem ähnlichen Euphemismus. Doch Propaganda bleibt Propaganda, unabhängig vom Zweck, für den sie eingesetzt wird.

schieben viele moderne Menschen den Kinderwunsch auf unabsehbare Zeit hinaus, weil sie zu sehr damit beschäftigt sind, irgendwelche "Erfüllung" zu suchen. Unserer Meinung nach liegt die Erfüllung, die sie suchen, in der angemessenen Erfahrung des *power process* – mit wahren Zielen anstelle der künstlichen Ziele und Ersatzhandlungen.) Wenn der primitive Mensch dann seine Kinder aufgezogen hat und sie durch den *power process* mit allem Lebensnotwendigen versorgt hat, hat er seine Aufgabe erfüllt und ist bereit, Alter (falls er so lange lebt) und Tod zu akzeptieren. Dagegen verstört viele moderne Menschen die Aussicht auf körperlichen Verfall und Tod, was sich in den fortwährenden Anstrengungen zeigt, die sie für die Erhaltung ihrer körperlichen Kondition, ihres guten Aussehens und ihrer Gesundheit unternehmen. Diese ist ein Zeichen für die Unerfülltheit, die daher rührt, dass diese Menschen ihre körperliche Kraft niemals für irgendwelche praktischen Zwecke eingesetzt haben, dass sie nie den *power process* durchlaufen haben, in dem sie ihre Körper ernsthaft hätten nutzen müssen. Der primitive Mensch, der seinen Körper täglich für praktische Zwecke braucht, fürchtet den Alterungsprozess nicht, nur der moderne Mensch, der seinen Körper nie zu anderen Zwecken genutzt hat als von seinem Auto in sein Haus zu gelangen. Der Mann, dessen Bedürfnis nach dem *power process* im Laufe seines Lebens befriedigt wurde, ist am besten auf das Ende dieses Lebens vorbereitet und kann es akzeptieren.

76. Aus der Argumentation in diesem Abschnitt könnte man schlussfolgern: "Die Gesellschaft muss einen Weg finden, den Menschen Gelegenheit zu geben, den *power process* zu durchlaufen." Doch wird das für jene, die ein Bedürfnis nach Autonomie im *power process* haben, nicht funktionieren. Denn für solche Menschen ist die Gelegenheit gerade dadurch nichts mehr wert, dass die Gesellschaft sie ihnen gibt. Vielmehr müssen sie selbst ihre eigenen Gelegenheiten finden oder schaffen. So lange das System ihnen Gelegenheiten GIBT, liegen sie an seiner Leine. Um Autonomie zu erreichen, müssen sie sich von dieser Leine losmachen.

77. Nicht jeder in der industriell-technologischen Gesellschaft leidet unter psychologischen Problemen. Manche bekennen sogar, in der bestehenden Gesellschaft recht zufrieden zu sein. Wir wollen nun über einige der Gründe dafür sprechen, dass die Reaktion der Menschen auf die moderne Gesellschaft so unterschiedlich ausfällt.

78. Erstens gibt es zweifellos angeborene Unterschiede in der Stärke des Machttriebs. Menschen mit einem schwachen Machttrieb werden ein relativ geringes Bedürfnis haben, den *power process* zu durchlaufen, oder zumindest ein relativ geringes Bedürfnis nach Selbstverwirklichung und nach Selbstbestimmung im *power process*. Es sind fügsame Typen, die auch als Plantagenneger in den Alten Südstaaten glücklich geworden wären. (Damit wollen wir keineswegs Verachtung für die "Plantagenneger" der Südstaaten ausdrücken. Man muss ihnen zugestehen, dass die meisten dieser Sklaven NICHT mit ihrer Knechtschaft zufrieden waren. Wir verachten diejenigen, die mit Knechtschaft zufrieden SIND.)

79. Manche Menschen haben ein außergewöhnlich starkes Bedürfnis nach Selbstverwirklichung. Zum Beispiel können Leute, die ein besonders ausgeprägtes Geltungsbedürfnis haben, ihr ganzes Leben damit verbringen, unermüdlich die Erfolgsleiter des gesellschaftlichen und sozialen Status zu erklimmen, ohne dass es ihnen jemals langweilig wird.

80. Auch die Empfänglichkeit für Werbung und Vermarktungsstrategien ist von Mensch zu Mensch unterschiedlich. Manche sind derart empfänglich, dass sie, selbst wenn sie sehr viel Geld verdienen, nicht ihr ständiges Begehren für die glitzernden neuen Spielzeuge, die die Marketingindustrie ihnen vorführt, befriedigen können. Selbst wenn sie ein hohes Einkommen haben, geraten sie schnell in finanzielle Schwierigkeiten und können sich nicht alle Ansprüche erfüllen.

81. Andere sind für Werbung und Vermarktungsstrategien nahezu unempfänglich. Diese Menschen sind an Geld nicht interessiert. Die Anhäufung materieller Güter befriedigt nicht ihr Bedürfnis nach dem *power process*.

82. Menschen mit durchschnittlicher Empfänglichkeit für Werbung und Vermarktungsstrategien sind in der Lage, genug Geld zu verdienen, um ihr Begehren für Güter und Dienstleistungen zu befriedigen, aber nur aufgrund größerer Anstrengungen (sie machen Überstunden, nehmen Zweitjobs an, bemühen sich um Beförderungen usw.). Insofern dient die Anhäufung materieller Güter dem Bedürfnis nach ihrer Selbstverwirklichung im *power process*. Aber daraus folgt nicht notwendigerweise, dass dieses Bedürfnis vollständig befriedigt wird. Es kann sein, dass diese Menschen nur unzureichende Autonomie im *power process* haben (etwa wenn ihre Arbeit darin besteht, Anweisungen zu erfüllen) und einige ihrer Triebe können frustriert werden (z.B. der nach Sicherheit oder nach Aggression). (In den Abschnitten 80-82 machen wir uns der Vereinfachung schuldig, weil wir voraussetzen, dass der Wunsch nach Anhäufung von materiellen Gütern allein durch die Werbe- und Marketingindustrie geschaffen wird. So einfach ist das natürlich nicht.)[17]

83. Manche Menschen befriedigen ihr Bedürfnis nach Macht zum Teil dadurch, dass sie sich mit einer mächtigen Organisation oder einer Massenbewegung identifizieren. Eine Person, der Macht oder eigene Ziele fehlen, schließt sich einer Bewegung oder einer Organisation an, übernimmt deren Zielsetzungen als ihre eigenen und arbeitet dann auf deren Verwirklichung hin. Werden einige dieser Ziele erreicht, dann empfindet der einzelne, mögen seine persönlichen Anstrengungen auch eine unbedeutende Rolle in der Verwirklichung der Ziele gespielt haben, (durch die Identifikation mit der Bewegung oder der Organisation) so, als habe er den *power process* durchlaufen. Dieses Phänomen wurde von Faschisten, Nazis und Kommunisten ausgenutzt. Auch unsere Gesellschaft nutzt es, wenn auch weniger offensichtlich. Beispiel: Manuel Noriega war für die USA ein Ärgernis. (Ziel: Bestrafung Noriegas.) Die USA marschierten in Panama ein (Anstrengung) und bestraften Noriega (Erreichung des Ziels). Die USA durchliefen damit den *power process*, und viele Amerikaner erlebten ihn stellvertretend, weil

17 Siehe auch Anm. 13

sie sich mit den USA identifizieren. Dies erklärt die weit verbreitete öffentliche Zustimmung für die Panama-Invasion, sie hat den Leuten ein Machtgefühl vermittelt.[18] Dasselbe Phänomen kann man in Armeen, Körperschaften, politischen Parteien, Menschenrechtsorganisationen, religiösen und ideologischen Bewegungen beobachten. Besonders linksgerichtete Bewegungen haben für Menschen, die ihr Machtbedürfnis befriedigen wollen, eine große Anziehungskraft. Dennoch kann die Identifikation mit großen Organisationen oder Massenbewegungen das Machtbedürfnis der meisten Menschen nicht völlig befriedigen.

84. Eine andere Möglichkeit zur Befriedigung des Bedürfnisses nach Selbstverwirklichung im *power process* können Ersatzhandlungen sein. Wie wir in den Abschnitten 38-40 erklärt haben, ist eine Ersatzhandlung auf ein künstliches Ziel ausgerichtet, das jemand um der "Erfüllung" willen verfolgt, die er sich vom Verfolgen dieses Ziels verspricht, und nicht, weil er das Ziel selbst erreichen müsste. Zum Beispiel gibt es keinen praktischen Grund, sich enorme Muskeln anzutrainieren, einen kleinen weißen Ball in ein Loch zu schlagen oder einen kompletten Satz Briefmarken zusammenzukriegen. Dennoch widmen sich viele Menschen in unserer Gesellschaft mit Leidenschaft dem Bodybuilding, Golfspielen oder Briefmarkensammeln. Einige Menschen sind stärker "fremdbestimmt" als andere und sind deshalb eher geneigt, einer Ersatzhandlung Bedeutung beizumessen, bloß weil diese von den Menschen in ihrer Umgebung als bedeutsam betrachtet wird oder weil die Gesellschaft ihnen sagt, sie sei wichtig. Deshalb nehmen manche Menschen völlig triviale Aktivitäten wie Sport, Bridge, Schach oder obskures Streben nach Wissen sehr wichtig, wohingegen andere, scharfsichtigere Menschen diese Dinge stets nur als das sehen, was sie sind, nämlich Ersatzhandlungen, und ihnen deshalb auch niemals genügend Bedeutung beimessen, um ihr Bedürfnis nach dem *power process* auf diese Weise zu befriedigen. Hinzuzufügen ist nur noch, dass die dem Lebensunterhalt dienende Berufstätigkeit häufig auch eine Art Ersatzhandlung ist. Keine REINE Ersatzhandlung, da diese Beschäfti-

18 Wir wollen zur Panama-Invasion weder Zustimmung noch Ablehnung zum Ausdruck bringen und bringen das Beispiel nur zur Verdeutlichung unseres Punkts.

gung teilweise wirklich dazu dient, den physisch notwendigen Lebensunterhalt zu erwerben sowie (für manche Menschen) den sozialen Status und den Luxus, den die Werbung sie verlangen lässt. Doch viele Menschen widmen sich ihrer Arbeit mit einer weit größeren Anstrengung, als nötig wäre, um soviel Geld und Status zu erwerben, wie sie benötigen, und diese zusätzliche Anstrengung ist eine Ersatzhandlung. Diese zusätzliche Anstrengung, zusammen mit dem emotionalen Einsatz, der diese begleitet, ist eine der mächtigsten Kräfte zur kontinuierlichen Entwicklung und Perfektionierung des Systems, mit negativen Folgen für die individuelle Freiheit (vgl. Abschnitt 131). Besonders für die kreativsten Wissenschaftler und Ingenieure ist Arbeit zum großen Teil Ersatzhandlung. Dieser Punkt ist derart wichtig, dass er eine gesonderte Erörterung erfordert, die wir in Kürze vornehmen werden (Abschnitte 87-92).

85. In diesem Abschnitt haben wir dargelegt, wie viele Menschen in der modernen Gesellschaft ihr Bedürfnis nach dem *power process* tatsächlich mehr oder weniger befriedigen. Doch glauben wir, dass die Mehrheit der Menschen ihr Bedürfnis nach dem *power process* nicht vollständig befriedigen kann. Denn zum einen stellen die Menschen, die ein unersättliches Geltungsbedürfnis haben, oder die sich einer Ersatzhandlung völlig verschreiben, oder die sich stark genug mit einer Bewegung oder Organisation identifizieren, um ihren Machttrieb auf diese Weise zu befriedigen, Ausnahmen dar. Andere sind weder durch Ersatzhandlungen noch durch Identifikation mit einer Organisation vollständig zu befriedigen (vgl. Abschnitte 41 und 64). Zum anderen übt das System durch explizite Vorschriften oder durch Anpassungsdruck zuviel Kontrolle aus, was zu einem Mangel an Autonomie führt und zu Frustration über die Unmöglichkeit, bestimmte Ziele zu erreichen und über den Zwang, zu viele Impulse unterdrücken zu müssen.

86. Doch selbst wenn die meisten Menschen in der industriell-technologischen Gesellschaft zufriedengestellt wären, würden wir (FC) uns dennoch gegen diese Gesellschaftsform auflehnen, (unter anderem) weil wir es erniedrigend finden, wenn das Bedürfnis nach dem *power process* durch Ersatzhandlungen oder durch Identifikation mit mächtigen Organisationen befriedigt wird anstatt durch das Streben nach wahren Zielen.

87. Wissenschaft und Technologie bilden die wichtigsten Beispiele für Ersatzhandlungen. Manche Wissenschaftler behaupten, ihre Motivation bestehe in "Neugier" oder in einem Wunsch nach "Nutzen für die Menschheit". Doch es ist leicht zu durchschauen, dass weder das eine noch das andere das Hauptmotiv der meisten Wissenschaftler sein kann. Was die "Neugier" betrifft, so ist diese Vorstellung einfach absurd. Die meisten Wissenschaftler arbeiten an hochspezialisierten Problemen, die normaler Neugier nicht zugänglich sind. Kann man etwa behaupten, dass ein Astronom, ein Mathematiker oder ein Insektenkundler neugierig auf die Eigenschaften von Isopropyltrimethylmethan ist? Selbstverständlich nicht. Nur ein Chemiker empfindet dafür Neugier, und nur deshalb, weil Chemie seine Ersatzhandlung darstellt. Ist aber der Chemiker neugierig auf die geeignete Klassifizierung einer neuen Käferart? Nein. Denn diese Frage interessiert nur den Insektenkundler, weil Insektenkunde dessen Ersatzhandlung ist. Wenn der Chemiker und der Insektenkundler für die Sicherung ihrer existentiellen Bedürfnisse ernsthafte Anstrengungen unternehmen müssten, und wenn diese Anstrengungen ihre Fähigkeiten auf eine interessante Weise, aber nicht in wissenschaftlichem Streben herausfordern würden, dann würden sie sich um Isopropyltrimethylmethan oder die Klassifizierung von Käfern einen Dreck scheren. Nehmen wir einmal an, dass knappe Geldmittel der Graduiertenförderung dazu geführt hätten, dass der Chemiker statt dessen Versicherungsagent geworden wäre. In diesem Fall wäre er sehr an Versicherungsangelegenheiten interessiert, Isopropyltrimethylmethan wäre ihm aber gleichgültig. Jedenfalls ist es nicht normal, der Befriedigung bloßer Neugier derart viel Zeit und Anstrengung zu widmen, wie Wissenschaftler in ihre Arbeit investieren. Mit "Neugier" ist die Motivation der Wissenschaftler nicht zu erklären.

88. Die Erklärung, es gehe ihnen um den "Nutzen für die Menschheit", ist nicht plausibler. Manche Wissenschaften haben gar keinen denkbaren Bezug zum Wohlergehen der Menschheit – Archäologie zum Beispiel oder vergleichende Sprachwissenschaften. Anderc Wissenschaftsgebiete eröffnen ganz offensichtlich gefährliche Möglichkeiten. Und doch sind die Wissenschaftler in diesen Gebieten ebenso begeistert von ihrer Arbeit wie die, die an der Entwicklung eines Impfstoffs arbeiten oder Luftverschmutzung untersuchen. Man denke an den Fall des Dr. Edward Teller, der sich offensichtlich emotional berührt für Kernkraftwerke einsetzte. Kann man behaupten, dass dieser Einsatz aus dem Wunsch herrührte, der Menschlichkeit zu dienen? Wenn das so wäre, warum hat sich Dr. Teller nicht für andere "humanitäre" Aufgaben begeistert? Wenn er so ein Menschenfreund war, warum hat er sich dann an der Entwicklung der Wasserstoffbombe beteiligt? Wie bei vielen anderen wissenschaftlichen Errungenschaften ist es äußerst fragwürdig, inwiefern Kernkraftwerke tatsächlich zum Nutzen der Menschheit sind. Wiegt die billige Elektrizität den sich ansammelnden nuklearen Abfall und das Risiko von Unfällen auf? Dr. Teller hat nur die eine Seite dieser Frage betrachtet. Es ist völlig klar, dass sein emotionales Eintreten für die Atomkraft nicht dem Wunsch nach "Nutzen für die Menschheit" entsprang, sondern einer persönlichen Befriedigung, die er aus seiner Arbeit und der Möglichkeit, diese in die Praxis umgesetzt zu sehen, zog.

89. Dies trifft auf alle Wissenschaftler zu. Von möglichen, wenigen Ausnahmen abgesehen sind ihre Motive weder Neugier noch der Wunsch, der Menschheit zu nützen, sondern das Bedürfnis, den *power process* zu durchlaufen: ein Ziel zu haben (ein wissenschaftliches Problem zu lösen), eine Anstrengung zu unternehmen (Forschung) und das Ziel zu erreichen (Lösung des Problems). Wissenschaft ist eine Ersatzhandlung, weil die Wissenschaftler hauptsächlich um der Erfüllung willen arbeiten, die ihnen diese Arbeit bringt.

90. Natürlich ist das nicht so simpel. Bei vielen Wissenschaftlern spielen noch andere Motive eine Rolle. Geld und Status zum Beispiel. Manche Wissenschaftler gehören zum Typus mit dem unersättlichen Geltungsdrang (vgl. Abschnitt 79), und in diesem mag ein großer Teil ihrer Motivation bestehen. Ganz sicher ist die Mehrheit der Wissenschaftler, wie die Mehrheit der Gesamtbevölkerung, für Werbung und Marketingstrategien mehr oder weniger empfänglich, und braucht daher Geld, um ihr Begehren nach Gütern und Dienstleistungen zu befriedigen.

Somit ist Wissenschaft keine REINE Ersatzhandlung. Aber sie ist zum großen Teil eine Ersatzhandlung.

91. Außerdem haben sich Wissenschaft und Technologie zu einer mächtigen Massenbewegung entwickelt, und viele Wissenschaftler erfüllen ihr Machtbedürfnis, indem sie sich mit dieser Massenbewegung identifizieren (vgl. Abschnitt 83).

92. Der Vormarsch der Wissenschaft geschieht blindlings, ohne dass ein wirklicher Nutzen für die Menschheit dabei in Betracht gezogen würde, er ist einzig orientiert an den psychologischen Bedürfnissen der Wissenschaftler, der Regierungsbeamten und Unternehmensmanager, die Forschungsmittel dafür bereitstellen.

DAS WESEN DER FREIHEIT

93. Wir werden ausführen, dass die fortschreitende Einschränkung der Freiheit der Menschen in der industriell-technologischen Gesellschaft nicht durch Reformen dieser Gesellschaft aufgehalten werden kann. Doch weil "Freiheit" ein Begriff ist, der auf vielfache Weise interpretiert werden kann, werden wir zunächst definieren, welche Art von Freiheit wir meinen.

94. Wir verstehen unter "Freiheit" die Möglichkeit, den *power process* zu durchlaufen, mit wahren Zielen und nicht den künstlichen Zielen von Ersatzhandlungen, und ohne Einmischung, Manipulation oder Überwachung durch wen auch immer, besonders nicht durch große Organisationen. Freiheit bedeutet, die Kontrolle (als Individuum oder Mitglied einer KLEINEN Gruppe) über die existentiellen Dinge des eigenen Lebens zu haben: Nahrung, Kleidung, Unterkunft und Verteidigung gegen jedwede äußere Bedrohung. Freiheit bedeutet, Macht zu haben, aber nicht die Macht, andere Menschen zu kontrollieren, sondern die Macht, die eigenen Lebensumstände zu kontrollieren. Man hat keine Freiheit, wenn irgend jemand (insbesondere eine große Organisation) Macht über einen ausübt, egal wie wohltätig, tolerant oder freizügig diese ausgeübt wird. Freiheit ist keinesfalls mit Freizügigkeit zu verwechseln (vgl. Abschnitt 72).

95. Es wird behauptet, dass wir in einer freien Gesellschaft leben, weil uns durch die Verfassung eine Reihe von Rechten garantiert wird. Diese sind aber nicht so wichtig wie sie scheinen. Der Grad der persönlichen Freiheit in einer Gesellschaft wird eher durch die wirtschaftliche und technologische Struktur dieser Gesellschaft bestimmt als durch ihre Gesetze oder ihre Regierungsform.[19] Die meisten Indianer-Nationen in Neuengland waren Monarchien, und viele Städte der italienischen Renaissance wurden von Diktatoren beherrscht. Jedoch kann

19 Als die amerikanischen Kolonien noch unter britischer Herrschaft standen, gab es weniger gesetzlich garantierte Freiheiten als nach dem Inkrafttreten der amerikanischen Verfassung, und doch gab es im vorindustriellen Amerika mehr persönliche Freiheiten, sowohl vor als auch nach dem Unabhängigkeitskrieg, als nach der Industriellen Revolution. Wir zitieren aus dem Werk *Violence in America: Historical and Comparative Perspectives*, hg. von Hugh Davis Graham und Ted Robert Gurr, Kapitel 12, S. 476-478, Roger Lane: "Die allmähliche Erhöhung der Standards gesellschaftlichen Benehmens und mit ihr die zunehmende Zuverlässigkeit der offiziellen Polizei (im Amerika des 19. Jahrhunderts) ... waren der gesamten Gesellschaft gemein. ... Die Veränderung der sozialen Umgangsformen vollzieht sich so langfristig und so umfassend, dass ein Zusammenhang mit dem grundlegendsten zeitgenössischen gesellschaftlichen Prozess anzunehmen ist, dem Prozess der industriellen Urbanisierung selbst. ... 1835 hatte Massachusetts eine Bevölkerung von etwa 660.940, davon waren 81% dort geboren und lebten in vorwiegend vorindustriellen ländlichen Gebieten. Die Bürger genossen beträchtliche persönliche Freiheiten. Ob sie Fuhrmänner, Farmer oder Handwerker waren, sie waren daran gewöhnt, ihren Tagesablauf selbst zu bestimmen, und das Wesen ihrer Tätigkeit machte sie voneinander unabhängig. ... Persönliche Schwierigkeiten, Sünden, selbst Verbrechen verursachten im allgemeinen kein größeres gesellschaftliches Interesse. ... Doch die zweifache Bewegung in die Städte und in die Fabrik, die 1835 gerade begann, verursachte sichtbare Veränderungen des persönlichen Verhaltens, das ganze 19. Jahrhundert hindurch bis ins 20. Jahrhundert. Die Fabrik erforderte Regelmäßigkeit, das Leben wurde vom Rhythmus von Uhr und Kalender bestimmt und von den Forderungen der Vorarbeiter und Aufseher. Das Leben in enger Nachbarschaft in den Städten verbat nun viele Dinge, die zuvor nichts Anstößiges hatten. Sowohl Arbeiter als auch Angestellte in größeren Unternehmen waren auf ihre Kollegen angewiesen; da die Arbeit des einen vom anderen abhing, die eigenen Angelegenheiten waren nicht mehr nur die eigenen.
Die Folgen dieser neuen Organisationsform wurden um 1900 sichtbar, als 76% der inzwischen 2.805.346 Einwohner von Massachusetts Städter waren. Gewalttätiges oder ungewöhnliches Verhalten, das in einer ungezwungenen, unabhängigen Gesellschaft toleriert werden konnte, war in der formelleren, kooperativen Atmosphäre der späteren Zeit nicht mehr tragbar. ... Die Verstädterung hatte, kurz gesagt, eine Generation hervorgebracht, die fügsamer, stärker sozialisiert und 'zivilisierter' war als ihre Vorfahren."

man sich beim Lesen über diese Gesellschaften nicht des Eindrucks erwehren, dass sie weit mehr persönliche Freiheit zuließen als unsere Gesellschaft. Teilweise lag das daran, dass ihnen effiziente Mittel fehlten, um den Willen des Herrschers durchzusetzen: es gab keinen modernen, gut organisierten Polizeiapparat, keine schnelle Fernkommunikation, keine Überwachungskameras, keine Informationsberichte über das Leben der Durchschnittsbürger. Somit war es relativ leicht, der Kontrolle auszuweichen.

96. Was unsere durch die Verfassung garantierten Rechte betrifft, so denke man beispielsweise an die Pressefreiheit. Wir wollen dieses Recht ganz sicherlich nicht abschaffen; es ist ein sehr wichtiges Mittel, um die Konzentration der politischen Macht einzugrenzen und um diejenigen, die politische Macht besitzen, durch die öffentliche Bekanntmachung ihres Fehlverhaltens zu zügeln. Jedoch ist die Pressefreiheit für den Durchschnittsbürger als Person nur von geringem Nutzen. Die Massenmedien stehen größtenteils unter der Kontrolle großer Organisationen, die in das System integriert sind. Jeder kann für wenig Geld etwas drucken lassen oder im Internet publizieren, doch was er zu sagen hat, wird in der Masse der Medieninformationen untergehen und deshalb nur wenig Wirkung erzielen. Die Gesellschaft mit Worten zu beeindrucken ist deshalb für die meisten Einzelpersonen oder kleinen Gruppen nahezu unmöglich. Nehmen wir uns (FC) selbst zum Beispiel. Wenn wir nicht gewaltsam gehandelt und die vorliegende Schrift einem Verleger vorgelegt hätten, wäre sie wahrscheinlich nicht angenommen worden. Selbst wenn sie akzeptiert und veröffentlicht worden wäre, hätte sie wahrscheinlich nicht viele Leser interessiert, denn es macht mehr Spaß, die Unterhaltungssendungen der Medien anzusehen als eine nüchterne Abhandlung zu lesen. Aber selbst wenn diese Schrift viele Leser gefunden hätte, würden die meisten dieser Leser das Gelesene bald vergessen haben, weil ihr Gedächtnis durch die Informationsflut der Massenmedien überflutet wird. Damit wir überhaupt eine Chance hatten, unsere Botschaft mit nachhaltigem Eindruck zu veröffentlichen, mussten wir Menschen töten.

97. Durch die Verfassung festgeschriebene Rechte sind bis zu einem gewissen Grad nützlich, aber sie können nicht viel mehr garantieren als das, was man eine bürgerliche Auffassung von Freiheit nennen könnte. Gemäß der bürgerlichen Auffassung ist ein "freier" Mensch im wesentlichen Teil einer gesellschaftlichen Maschinerie und hat nur ein bestimmtes Bündel vorgeschriebener und begrenzter Freiheiten, Freiheiten nämlich, die vor allem der gesellschaftlichen Maschine dienen und weniger dem einzelnen. So hat der bürgerliche "freie" Mensch wirtschaftliche Freiheit, weil sie Wachstum und Fortschritt dient; er hat Pressefreiheit, weil öffentliche Kritik das Fehlverhalten politischer Führer einschränkt; er hat das Recht auf einen fairen Prozess, weil Verhaftungen nach der bloßen Willkür der Mächtigen schlecht für das System wären. Dies entspricht eindeutig der Haltung Simon Bolivars. Ihm zufolge verdienten die Menschen nur dann Freiheit, wenn sie sie dazu einsetzen, den Fortschritt zu fördern (Fortschritt im bürgerlichen Verständnis). Andere bürgerliche Denker haben eine ähnliche Auffassung von Freiheit vertreten, sie als bloßes Mittel zum gemeinsamen Zweck verstanden. Chester C. Tan, *Chinesisches Politisches Denken im Zwanzigsten Jahrhundert*, Seite 202, erklärt die Philosophie des Kuomintang-Führers Hu Han-min: "Einem einzelnen werden Rechte zugestanden, weil er ein Mitglied der Gesellschaft ist und das Leben der Gemeinschaft diese Rechte erfordert. Mit Gemeinschaft meint Hu Han-min die gesamte Gesellschaft oder Nation." Auf Seite 259 führt Tan aus, dass Freiheit Carsum Chang (Chang Chun-mai, Führer der Sozialistischen Staatspartei Chinas) zufolge im Interesse des Staates und des gesamten Volkes als Gesamtheit genutzt werden muss. Aber was für eine Freiheit ist das, die nur auf von anderen vorgeschriebene Weise genutzt werden darf? Die Auffassung von Freiheit, die FC vertritt, ist eine andere als die Bolivars, Hus, Changs oder anderer bürgerlicher Theoretiker. Die Schwierigkeit mit solchen Theoretikern besteht darin, dass die Entwicklung und Anwendung sozialer Theorien ihre Ersatzhandlung geworden ist. Infolgedessen sind diese Theorien so entworfen, dass sie eher den Bedürfnissen der Theoretiker dienen als den Bedürfnissen von Menschen, die das Pech haben, in einer Gesellschaft zu leben, der diese Theorien aufgezwungen wurden.

98. Noch ein weiterer Punkt gehört in diesen Abschnitt: Man sollte nicht meinen, dass eine Person genug Freiheit hat, nur weil sie das von sich BEHAUPTET. Die Freiheit wird zum Teil durch psychologische Kontrollen eingeschränkt, die den Menschen überhaupt nicht bewusst sind, und darüber hinaus werden die Vorstellungen der meisten Menschen dessen, was Freiheit bedeutet, stark von gesellschaftlichen Konventionen gesteuert und weniger von ihren wirklichen Bedürfnissen. Zum Beispiel würden wahrscheinlich viele überangepasste Linke behaupten, dass die meisten Menschen, einschließlich ihrer selbst, eher zu wenig als zu stark angepasst seien, und doch zahlt der überangepasste Linke einen hohen psychologischen Preis für seinen hohen Grad an Angepasstheit.

EINIGE PRINZIPIEN DER GESCHICHTE

99. Man kann sich Geschichte als Summe zweier Komponenten vorstellen: einem unberechenbaren Teil, der aus unvorhersehbaren Ereignissen besteht, die keinem erkennbaren Muster folgen, und einem regelhaften Teil, der aus langfristigen historischen Strömungen besteht. Im folgenden Abschnitt geht es uns um die langfristigen Strömungen.

100. ERSTES PRINZIP. Wenn eine KLEINE Veränderung eintritt, die auf eine langfristige historische Strömung wirkt, dann ist Wirkung dieser Veränderung fast immer nur vorübergehend – die Strömung wird bald wieder den ursprünglichen Verlauf nehmen. (Beispiel: eine Reformbewegung, die politische Korruption in einer Gesellschaft bekämpfen will, hat selten mehr als eine kurzzeitige Wirkung; früher oder später werden die Reformer nachlassen und die Korruption wird sich allmählich wieder einschleichen. Der Grad politischer Korruption in einer Gesellschaft neigt dazu, konstant zu bleiben oder sich nur langsam infolge der gesellschaftlichen Weiterentwicklung zu verändern. Normalerweise kann eine politische Säuberung nur dann dauerhaft sein, wenn sie von weitreichenden sozialen Veränderungen begleitet wird; eine KLEINE Veränderung in der Gesellschaft wird nicht hinreichen.) Wenn eine kleine Veränderung innerhalb eines langfristigen historischen Verlaufs anzudauern scheint, dann nur deshalb, weil die Veränderung in die gleiche Richtung zielt wie die allgemeine

Strömung und diese dadurch nicht verändert, sondern vielmehr vorwärtsgetrieben wird.

101. Das erste Prinzip ist fast eine Tautologie. Wenn eine historische Strömung kleinen Veränderungen nicht standhielte, würde sie keiner bestimmten Richtung folgen, sondern wäre ziellos. Mit anderen Worten, es würde sich gar nicht um eine langfristige Strömung handeln.

102. ZWEITES PRINZIP. Wenn eine Veränderung eintritt, die groß genug ist, um eine langfristige historische Strömung dauerhaft zu verändern, dann wird sie die Gesellschaft im Ganzen verändern. Mit anderen Worten, eine Gesellschaft ist ein System, in dem alle Teile zueinander in Beziehung stehen, und kein Teil kann dauerhaft verändert werden, ohne dass sich alle anderen Teile auch ändern.

103. DRITTES PRINZIP. Wenn eine Veränderung eintritt, die groß genug ist, um eine langfristige Strömung dauerhaft zu verändern, können die Folgen für die gesamte Gesellschaft nicht vorausgesagt werden. (Es sei denn, verschiedene andere Gesellschaften haben bereits die gleiche Veränderung durchgemacht und die gleichen Folgen erlebt, in diesem Fall kann man auf empirischer Grundlage voraussagen, dass eine andere Gesellschaft, die die gleiche Veränderung durchmacht, wahrscheinlich ähnliche Folgen erleben wird.)

104. VIERTES PRINZIP. Eine neue Gesellschaft kann nicht auf dem Papier entworfen werden. Das bedeutet, man kann eine neue Gesellschaftsform nicht im voraus planen, dann errichten und erwarten, dass sie in der geplanten Weise funktioniert.

105. Das dritte und vierte Prinzip ergeben sich aus der Komplexität menschlicher Gesellschaften. Eine Veränderung des menschlichen Verhaltens wird sich sowohl auf die Wirtschaft einer Gesellschaft als auch auf ihre physische Umwelt auswirken; die Wirtschaft wird die Umwelt beeinflussen und umgekehrt, und die Veränderungen von Wirtschaft und Umwelt werden das menschliche Verhalten in komplexer, nicht vorhersehbarer Weise beeinträchtigen usw. Das Netzwerk von Ursache und Wirkung ist viel zu komplex, um es zu entwirren und zu begreifen.

106. FÜNFTES PRINZIP. Eine Gesellschaftsform wird von Menschen nicht bewusst und rational ausgewählt. Gesellschaften entwickeln sich durch Prozesse sozialer Evolution, die nicht der Kontrolle der menschlichen Vernunft unterliegen.

107. Das fünfte Prinzip ergibt sich folgerichtig aus den vier anderen Prinzipien.

108. Zur Erläuterung: Das erste Prinzip besagt, dass Versuche sozialer Reformen im Allgemeinen entweder in die Richtung zielen, in die sich die Gesellschaft ohnehin entwickelt (so dass sie eine Veränderung nur beschleunigen, die in jedem Fall stattgefunden hätte), oder nur eine vorübergehende Wirkung haben, so dass die Gesellschaft bald in ihr altes Fahrwasser zurückfällt. Um eine dauerhafte Veränderung der Entwicklungsrichtung irgendeines wichtigen Aspekts der Gesellschaft zu bewirken, sind Reformen ungeeignet, und eine Revolution ist notwendig. (Revolution bedeutet nicht zwangsläufig bewaffnete Erhebung oder Sturz der Regierung.) Das zweite Prinzip besagt, dass eine Revolution niemals nur einen Aspekt der Gesellschaft verändert, sie verändert die Gesellschaft im Ganzen; und das dritte Prinzip besagt, dass immer Veränderungen auftreten, die von den Revolutionären nicht erwartet oder erwünscht waren. Das vierte Prinzip besagt, dass eine Gesellschaft, die von Revolutionären oder Utopisten entworfen wurde, nie so funktioniert wie geplant.

109. Die Amerikanische Revolution ist dafür kein Gegenbeispiel. Die Amerikanische "Revolution" war nämlich keine Revolution, wie wir sie verstehen, sondern ein Unabhängigkeitskrieg gefolgt von recht weitreichenden politischen Reformen. Die Gründerväter haben weder die Richtung geändert, in die sich die amerikanische Gesellschaft entwickelte, noch haben sie dies angestrebt. Sie haben die Entwicklung der amerikanischen Gesellschaft lediglich von den retardierenden Auswirkungen britischer Herrschaft befreit. Ihre politische Reform hat keine grundsätzliche Strömung umgelenkt, sondern die Entwicklung der amerikanischen politischen Kultur nur in ihrer natürlichen

Richtung beschleunigt. Schon die britische Gesellschaft, aus der die amerikanische hervorgegangen ist, hatte sich seit langem in die Richtung einer repräsentativen Demokratie bewegt. Bereits vor dem Unabhängigkeitskrieg hatten die Amerikaner in den Kolonialversammlungen repräsentative Demokratie in bedeutendem Umfang praktiziert. Das von der Verfassung etablierte politische System war dem englischen System und der Kolonialversammlung nachgebildet. Mit wichtigen Änderungen, sicherlich – zweifellos haben die Gründerväter einen wichtigen Schritt getan. Aber es war ein Schritt auf dem Weg, den die englischsprachige Welt bereits eingeschlagen hatte. Der Beweis dafür ist, dass England und diejenigen seiner Kolonien, die hauptsächlich von Menschen britischer Herkunft bevölkert waren, letztendlich alle ein System repräsentativer Demokratie eingeführt haben, das dem der Vereinigten Staaten ähnelt. Hätten die Gründerväter damals die Geduld verloren und es abgelehnt, die Unabhängigkeitserklärung zu unterzeichnen, wäre unsere Lebensweise heute nicht viel anders. Vielleicht hätten wir etwas engere Bindungen an England, ein Parlament und einen Premierminister anstelle eines Kongresses und eines Präsidenten. Keine große Sache. Somit stellt die Amerikanische Revolution kein Gegenbeispiel zu unseren Prinzipien dar, sondern illustriert diese vielmehr.

110. Trotzdem muss man seinen gesunden Menschenverstand gebrauchen, um die Prinzipien richtig anzuwenden. Wir haben sie in einer unpräzisen Sprache verfasst, die Raum für Interpretationen lässt, auch kann man Ausnahmen davon finden. Wir stellen diese Prinzipien nicht als unabänderliche Gesetze dar, sondern eher als Faustregeln oder Denkanstöße, die vielleicht eine Art Gegenmittel zu naiven Ideen über die Zukunft der Gesellschaft sein können. Man sollte sich diese Prinzipien immer wieder bewusst machen, und wann immer man zu Ergebnissen kommt, die diesen Prinzipien widersprechen, sollte man seine Überlegungen sorgfältig überprüfen und seine Schlussfolgerung nur dann aufrecht halten, wenn es gute, solide Gründe dafür gibt.

DIE INDUSTRIELL-TECHNOLOGISCHE GESELLSCHAFT KANN NICHT REFORMIERT WERDEN

111. Die aufgeführten Prinzipien machen deutlich, wie hoffnungslos schwierig es wäre, das industrielle System derart zu reformieren, dass die fortschreitende Einschränkung unserer Freiheit dadurch verhindert würde. Es besteht eine langfristige historische Strömung, die mindestens bis auf die industrielle Revolution zurückgeht, das System auf Kosten der individuellen Freiheit und der lokalen Autonomie zu stärken. Deshalb würde jede Veränderung, die darauf abzielt, Freiheit vor Technologie zu schützen, einer grundlegenden Strömung in der Entwicklung unserer Gesellschaft entgegenstehen. Folgerichtig wäre eine solche Veränderung entweder nur eine vorübergehende – schon bald von der Flut der Geschichte hinweggeschwemmt – oder, sie würde, wenn sie ausreichend stark wäre, um dauerhaft zu wirken, das Wesen der Gesellschaft im ganzen verändern. Damit wären das erste und zweite Prinzip erfüllt. Darüber hinaus bestünde ein großes Risiko, dass sich die Gesellschaft in einer nicht voraussagbaren Weise verändert (drittes Prinzip). Man kann kaum erwarten, dass Veränderungen, die groß genug wären, um dauerhafte Veränderungen zugunsten der Freiheit zu schaffen, bewusst vorgenommen werden, denn sie würden den Zusammenbruch des Systems herbeiführen. Also werden Reformversuche stets zu zaghaft sein, um eine Wirkung zu zeitigen. Selbst wenn Veränderungen von ausreichend großem Umfang eingeleitet würden, die einen dauerhaften Unterschied bewirken könnten, würden diese gestoppt werden, sobald ihre systembeeinträchtigenden Auswirkungen spürbar würden. Also können dauerhafte Veränderungen zugunsten der Freiheit nur von Menschen herbeigeführt werden, die zu radikalen, gefährlichen und unvorhersehbaren Änderungen des gesamten Systems bereit sind. Anders gesagt: von Revolutionären, nicht von Reformern.

112. Menschen, die die Freiheit retten wollen, dabei aber ängstlich darauf bedacht sind, nicht die vermeintlichen Vorteile der Technologie dafür zu opfern, werden naive Modelle einer neuen Gesellschaftsform entwerfen, in der Freiheit und Technologie versöhnt wären. Abgesehen von der Tatsache, dass die Leute, die solche Vorschläge machen, selten auch praktische

Schritte vorschlagen, wie diese neue Gesellschaftsform überhaupt errichtet werden soll, folgt aus dem vierten Prinzip auch, dass selbst wenn die neue Gesellschaftsform irgendwann etabliert würde, sie entweder zusammenbrechen oder gänzlich anders sein würde als erwartet.

113. Schon auf dieser ganz allgemeinen Ebene scheint es höchst unwahrscheinlich, dass es irgendeine Möglichkeit gibt, die Gesellschaft derart zu verändern, dass Freiheit und moderne Technologie miteinander versöhnt werden könnten. In den folgenden Abschnitten werden wir spezifischere Begründungen für unsere Schlussfolgerung, dass Freiheit und technologischer Fortschritt unvereinbar sind, darlegen.

DIE GRENZEN DER FREIHEIT IN DER INDUSTRIELLEN GESELLSCHAFT

114. Wie in den Abschnitten 65-67 und 70-73 dargelegt wurde, ist der moderne Mensch durch ein Geflecht von Regeln und Vorschriften gebunden, und sein Schicksal hängt von Handlungen anderer Menschen ab, die ihm fern sind und deren Entscheidungen er nicht beeinflussen kann. Dies ist weder Zufall noch Ergebnis der Willkür arroganter Bürokraten. Es ist notwendig und unvermeidlich in jeder fortgeschrittenen technologischen Gesellschaft so. Das System MUSS menschliches Verhalten streng regulieren, um funktionieren zu können. Bei der Arbeit müssen Menschen das tun, was ihnen gesagt wurde, dann, wann es ihnen gesagt wurde und auf die Art, wie es ihnen gesagt wurde, sonst würde die Produktion im Chaos versinken. Bürokratien MÜSSEN nach strengen Vorschriften geführt werden. Bürokraten der unteren Ebenen spürbaren eigenen Ermessensspielraum zuzugestehen, würde das System beeinträchtigen und es dem Vorwurf der Ungerechtigkeit aussetzen, weil jeder Bürokrat nach seinem Ermessen und anders als ein anderer handeln würde. Sicher könnten einige Einschränkungen unserer Freiheit abgeschafft werden, aber IM ALLGEMEINEN ist die Regulierung unseres Lebens durch große Organisationen notwendig für das Funktionieren der industriell-technologischen Gesellschaft. Das Ergebnis ist ein Gefühl der Ohnmacht beim

Durchschnittsbürger. Es ist jedoch möglich, dass die formellen Einschränkungen zunehmend durch psychologische Instrumente ersetzt werden, so dass wir freiwillig tun, was das System von uns verlangt (Propaganda[20], Erziehungsmethoden, Programme zur "mentalen Gesundheit" usw.).

115. Das System MUSS die Menschen zu einem Verhalten zwingen, das sich immer stärker vom natürlichen Muster menschlichen Verhaltens unterscheidet. Beispielsweise braucht das System Wissenschaftler, Mathematiker, Ingenieure. Es kann ohne sie nicht funktionieren. Deshalb werden Kinder unter starken Druck gesetzt, sich auf diesen Gebieten auszuzeichnen. Es ist unnatürlich für einen heranwachsenden Menschen, den Großteil seiner Zeit in Studien versunken an einem Schreibtisch zu verbringen. Ein normaler Heranwachsender möchte seine Zeit damit verbringen, aktive Kontakte zur wirklichen Welt zu knüpfen. Die Dinge, zu denen Kinder in primitiven Völkern angeleitet werden, stehen in vernünftigem Einklang mit ihren natürlichen menschlichen Impulsen. Bei den amerikanischen Indianern etwa wurden die Jungen zu Aktivitäten und Beschäftigungen außerhalb des Hauses angehalten – zu genau den Dingen, die Jungen mögen. Aber in unserer Gesellschaft werden Kinder dazu gedrängt, sich mit technischen Studien zu beschäftigen, was die meisten nur widerwillig tun.

116. Aufgrund des ständigen Drucks, den das System ausübt, um das menschliche Verhalten zu verändern, nimmt die Zahl der Menschen zu, die sich den Anforderungen der Gesellschaft nicht anpassen wollen oder können: Sozialhilfeschmarotzer, Jugendbanden, Sektenanhänger, Regierungsgegner, radikale Umweltschützer und Saboteure, Aussteiger und andere Widerständler.

117. In jeder technologisch fortgeschrittenen Gesellschaft MUSS das Schicksal des einzelnen von Entscheidungen abhängig sein, auf die er selbst keinen nennenswerten Einfluss nehmen kann. Eine technologische Gesellschaft kann nicht in kleine autonome Gemeinschaften aufgeteilt werden, weil die Produktion vom Zusammenwirken einer großen Anzahl von

20 siehe auch Anm. 16

Menschen und Maschinen abhängt. Eine solche Gesellschaft MUSS hochorganisiert sein und Entscheidungen, die sich auf viele Menschen auswirken, MÜSSEN getroffen werden. Wenn eine Entscheidung etwa eine Million Menschen betrifft, dann hat jedes der betroffenen Individuen im Durchschnitt auch nur ein Millionstel Anteil an der Entscheidung. In der Praxis werden Entscheidungen üblicherweise von öffentlichen Beamten oder Managern von großen Körperschaften durchgeführt oder von technischen Spezialisten, aber selbst wenn die Öffentlichkeit einmal über eine Entscheidung abstimmt, ist die Anzahl der Stimmberechtigten gewöhnlich zu groß, als dass die Stimme eines Einzelnen von Bedeutung wäre.[21] Also sind die meisten Menschen unfähig, einen messbaren Einfluss auf die meisten Entscheidungen auszuüben, die ihr Leben betreffen. Es gibt in einer fortgeschrittenen technologischen Gesellschaft keinen denkbaren Ausweg aus dieser Situation. Das System versucht das Problem dadurch zu "lösen", dass die Menschen durch Propaganda glauben gemacht werden, sie würden die Entscheidungen WÜNSCHEN, die für sie getroffen wurden, aber selbst wenn diese "Lösung" ein voller Erfolg wäre und die Menschen sich dadurch tatsächlich besser fühlten, wäre es erniedrigend.

118. Die Konservativen und einige andere befürworten stärkere "lokale Autonomie". Örtliche Gemeinschaften waren früher tatsächlich autonom, aber diese Art von Autonomie ist immer weniger möglich, weil die kleinen Gemeinschaften immer mehr in größere Systeme übergehen und von ihnen abhängen, wie öffentliche Versorgungsbetriebe, Computernetzwerke, Autobahnsysteme, Massenmedien, das moderne Gesundheitssystem. Auch die Tatsache, dass an einem Ort angewandte Technologie Menschen in anderen, weit abgelegenen Gebieten betrifft, wirkt gegen Autonomie. So können Pestizide und Chemikalien, die in der Nähe eines Baches aufgebracht werden, die Wasserversorgung Hunderte von Meilen flussabwärts verschmutzen, und der Treibhauseffekt hat weltweite Auswirkungen.

21 Apologeten des Systems zitieren gerne Fälle, in denen Wahlen durch eine oder zwei Stimmen entschieden wurden, diese Fälle sind aber äußerst selten.

119. Das System existiert nicht und kann nicht dazu existieren, menschliche Bedürfnisse zu befriedigen. Vielmehr muss das menschliche Verhalten den Bedürfnissen des Systems angepasst werden. Dies hat nichts mit der politischen oder gesellschaftlichen Ideologie zu tun, von der das technologische System angeblich gerade gelenkt wird. Es ist kein Fehler des Kapitalismus und kein Fehler des Sozialismus. Es ist der Fehler der Technologie selbst, weil das System gar nicht von einer Ideologie, sondern von technischen Notwendigkeiten gelenkt wird.[22] Natürlich befriedigt das System viele menschliche Bedürfnisse, aber im Allgemeinen nur soweit es Vorteile für das System hat. An erster Stelle stehen die Bedürfnisse des Systems und nicht die der Menschen. Beispielsweise versorgt das System die Menschen mit Nahrung, weil es nicht bestehen könnte, wenn alle verhungern würden; es dient den psychologischen Bedürfnissen der Menschen, wann immer es ihm PASST, weil es nicht funktionieren könnte, wenn zu viele Menschen depressiv oder aufrührerisch wären. Aber aus guten, soliden, praktischen Gründen muss das System ständig Druck auf Menschen ausüben, um ihr Verhalten den Bedürfnissen des Systems anzupassen. Es gibt zu viel Müll? Die Regierung, die Medien, das Erziehungssystem, die Umweltschützer überschwemmen uns mit Unmengen von Propaganda zum Recycling. Es wird mehr technisches Personal benötigt? Ein Chor von Stimmen ermahnt Jugendliche zum Studium der Naturwissenschaften. Niemand hält einmal inne und stellt die Frage, ob es nicht unmenschlich ist, Jugendliche dazu zu zwingen, ihre Zeit mit Studienfächern zu verbringen, die die meisten von ihnen hassen. Wenn gelernte Arbeiter aufgrund des technologischen Fortschritts entlassen werden und sich einer "Weiterbil-

22 "Geographische, religiöse und politische Unterschiede unberücksichtigt, lebt heute in technisch entwickelten Ländern der Mensch unter ganz verwandten Bedingungen. Der Alltag eines christlichen Bankangestellten in Chicago, eines buddhistischen in Tokio und eines kommunistischen in Moskau hat mehr Verwandtes als das Leben irgendeines der drei mit dem Leben irgendeines Mannes vor tausend Jahren. Diese Verwandtschaft ruht in der gemeinsamen Technik [...]." L. Sprague de Camp, *The Ancient Engineers*; deutsch: *Ingenieure der Antike*, Düsseldorf/Wien 1965, S. 26. Die Lebensläufe der drei Bankangestellten sind nicht IDENTISCH. Ideologie hat sicher EINIGE Auswirkungen. Aber um zu überleben, müssen sich alle technologischen Gesellschaften in einer ANNÄHERND gleichen Richtung entfalten.

dung" unterziehen müssen, fragt niemand, ob es für sie wohl demütigend ist, so herumgeschubst zu werden. Es wird einfach vorausgesetzt, dass sich jedermann den technischen Anforderungen fügen muss. Und mit gutem Grund: Wenn menschliche Bedürfnisse vor technische Notwendigkeiten gesetzt werden, gäbe es wirtschaftliche Probleme, Arbeitslosigkeit, Mangel oder schlimmeres. Das Konzept "geistiger Gesundheit" wird in unserer Gesellschaft im Allgemeinen daran gemessen, wie stark sich der einzelne den Bedürfnissen des Systems angemessen verhält, ohne Stress-Symptome zu zeigen.

120. Anstrengungen, innerhalb des Systems Platz für Selbstverwirklichung und Autonomie schaffen zu wollen, sind ein Witz. Was wäre, wenn ein Unternehmen jeden seiner Angestellten, die bisher jeweils nur einen Teil des gesamten Produkts hergestellt haben, das ganze Produkt herstellen lässt, um ihnen ein Zielbewusstsein und ein Gefühl von Leistung zu verschaffen? Einige Unternehmen haben versucht, ihren Angestellten bei der Arbeit mehr Autonomie zuzugestehen, aber aus praktischen Gründen kann dies normalerweise nur in sehr geringem Maße geschehen, und keinesfalls gibt man ihnen Autonomie über die letztendlich angestrebten Ziele – ihre "autonomen" Anstrengungen können niemals auf Ziele gerichtet sein, die sie sich selbst gesetzt haben, sondern nur auf die Ziele ihrer Arbeitgeber, etwa das Überleben und das Wachstum des Unternehmens. Jedes Unternehmen, das seinen Angestellten erlauben würde, anders zu handeln, ginge schnell bankrott. Ganz ähnlich müssen die Arbeiter in einer Genossenschaft in einem sozialistischen System ihre Anstrengungen auf die Ziele der Genossenschaft richten, andernfalls wird die Genossenschaft nicht ihren Zweck als Teil des Systems erfüllen. Noch einmal, aus rein technischen Gründen können die meisten Individuen und kleinen Gruppen in einer industriellen Gesellschaft nicht viel Autonomie haben. Selbst der kleine selbständige Unternehmer hat gewöhnlich nur eine begrenzte Autonomie. Abgesehen von den staatlichen Regulierungen wird er dadurch eingeschränkt, dass er sich dem Wirtschaftssystem anpassen und seinen Erfordernissen entsprechen muss. Wenn beispielsweise eine neue Technologie entwickelt wird, muss der Einzelunternehmer sich ihrer bedienen, ob er will oder nicht, um wettbewerbsfähig zu bleiben.

DIE UNTRENNBARKEIT VON "GUT" UND "BÖSE" IN DER TECHNOLOGIE

121. Ein weiterer Grund dafür, weshalb die industrielle Gesellschaft nicht zugunsten von mehr Freiheit reformiert werden kann, liegt darin, dass die moderne Technologie ein einheitliches System darstellt, in dem alle Teile voneinander abhängig sind. Man kann die "bösen" Seiten der Technologie nicht los werden und nur die "guten" behalten. Ein Beispiel dafür gibt die moderne Medizin. Der Fortschritt der medizinischen Wissenschaft hängt vom Fortschritt in Chemie, Physik, Biologie, Computerwissenschaft und anderen Gebieten ab. Moderne medizinische Behandlung erfordert eine teure High-Tech-Ausrüstung, die nur in einer technologisch fortgeschrittenen und wirtschaftlich wohlhabenden Gesellschaft zur Verfügung gestellt werden kann. Es wird deutlich, dass medizinischer Fortschritt nicht denkbar ist ohne das gesamte technologische System und allem, was dazu gehört.

122. Sogar wenn man den medizinischen Fortschritt ohne das übrige technologische System aufrechterhalten könnte, würde er selbst einige Übel mit sich bringen. Angenommen, man hätte ein Heilmittel gegen Diabetes entdeckt. Menschen mit einer genetischen Anlage zu Diabetes könnten dann überleben und sich wie jeder andere fortpflanzen. Die natürliche Auslese gegen Diabetes-Gene wird dann gestört und diese Gene werden sich in der gesamten Bevölkerung verbreiten. (Dies ist in gewissem Umfang bereits geschehen, weil Diabetes zwar nicht heilbar ist, aber mit Hilfe von Insulin unter Kontrolle gebracht werden kann.) Dasselbe wird mit vielen anderen Krankheiten geschehen, für die Menschen mit einer bestimmten genetischen Disposition anfällig sind (z.B. Krebs bei Kindern), die Folge ist eine massive genetische Degradierung der Bevölkerung. Die einzige Lösung wird eine Art Eugenikprogramm sein oder extensive Genmanipulation beim Menschen, so dass der Mensch der Zukunft nicht länger ein Geschöpf der Natur oder des Zufalls oder Gottes (je nach religiöser oder philosophischer Überzeugung) sein wird, sondern ein künstlich erzeugtes Produkt.

123. Wer findet, dass sich der Staat JETZT schon zu sehr in das Privatleben einmischt, sollte erst abwarten, bis der Staat die genetischen Anlagen seiner Kinder reguliert. Solche Regulierungen werden die unvermeidbare Folge sein, wenn Genmanipulationen beim Menschen zugelassen werden, weil die Konsequenzen einer nicht regulierten Genmanipulation verheerend sein würden.[23]

124. Die übliche Antwort auf solche Befürchtungen ist das Gerede von "medizinischer Ethik". Aber ein ethischer Code würde die Freiheit nicht vor dem medizinischen Fortschritt schützen können; er würde die Sache eher verschlimmern. Ein ethischer Code, der auf Genmanipulationen anzuwenden ist, wäre im Endeffekt ein Mittel der Regulierung der genetischen Verfassung des Menschen. Irgend jemand (wahrscheinlich hauptsächlich die obere Mittelschicht) würde entscheiden, dass diese oder jene Anwendung der Genmanipulation "ethisch" sei, andere dagegen nicht, so dass sie letztlich ihre eigenen Wertvorstellungen über die genetische Ausstattung der gesamten Bevölkerung aufzwingen würden. Selbst wenn ein Ethikgesetz auf vollkommen demokratischer Grundlage beschlossen würde, hätte damit die Mehrheit ihre Wertvorstellungen gegenüber allen Minderheiten durchgesetzt, die vielleicht eine andere Vorstellung dessen haben, wie ein "ethischer" Umgang mit Genmanipulationen aussehen könnte. Das einzige ethische Gesetz, das wirklich einen Schutz der Freiheit gewährleisten könnte, wäre das Verbot JEGLICHER Genmanipulation am Menschen, doch mit Sicherheit wird in einer technologischen Gesellschaft kein solches Gesetz erlassen werden. Kein Gesetz, das der Genmanipulation nur eine untergeordnete Rolle erlaubt, würde lange bestehen können, weil die Versuchung der unfassbaren Macht der Biotechnologie unwiderstehlich ist, besonders weil viele ihrer Anwendungen von der Mehrheit der Menschen ganz offensichtlich und uneindeutig für gut gehalten werden (das Ausrotten von physischen und geistigen Krankheiten, die Möglichkeit, Menschen die Fähigkeiten zu geben, die sie brauchen, um in der heutigen Welt zurechtzukommen). Genmanipulation wird unvermeidlich in

23 Man stelle sich nur vor, ein verantwortungsloser Genetiker erschaffe einen Haufen von Terroristen.

weitem Umfang angewandt werden, jedoch nur auf eine Art und Weise, die den Bedürfnissen des industriell-technologischen Systems entspricht.[24]

TECHNOLOGIE IST EINE MÄCHTIGERE GESELLSCHAFTLICHE KRAFT ALS DAS STREBEN NACH FREIHEIT

125. Es ist nicht möglich, einen DAUERHAFTEN Kompromiss zwischen Technologie und Freiheit zu finden, weil die Technologie die weitaus stärkere gesellschaftliche Kraft ist und durch WIEDERHOLTE Kompromisse ständig in die Freiheit eingreift. Man stelle sich zwei Nachbarn vor, von denen jeder zu Beginn ein Stück Land gleicher Größe besitzt, einer von ihnen ist aber stärker als der andere. Nun verlangt der Stärkere, dass der andere ihm einen Teil seines Besitzes abtreten solle. Der Schwächere lehnt das ab. Der Stärkere sagt: "Gut, machen wir einen Kompromiss. Gib mir die Hälfte von dem, was ich verlange." Der Schwache hat keine andere Wahl als einzuwilligen. Etwas später verlangt der stärkere Nachbar wieder ein Stück Land, wieder gibt es einen Kompromiss, und so fort. Indem er vom Schwächeren wiederholt Kompromisse erzwingt, eignet sich der Stärkere schließlich dessen ganzes Land an. So geht es auch im Konflikt zwischen Technologie und Freiheit.

126. Nun wollen wir erklären, warum Technologie eine stärkere gesellschaftliche Kraft ist als das Streben nach Freiheit.

127. Eine technologische Neuentwicklung, die die Freiheit zunächst nicht zu bedrohen scheint, erweist sich später oft als sehr bedrohlich. Nehmen wir zum Beispiel das motorisierte Transportwesen. Wenn früher ein Mensch zu Fuß ging, konnte er gehen, wo und wohin er wollte, in seinem eigenen Rhythmus,

24 Ein weiteres Beispiel unerwünschter Folgen des medizinischen Fortschritts wäre eine verlässliche Heilmethode gegen Krebs. Selbst wenn die Behandlung so teuer wäre, dass sie nur der Elite zugute käme, würde sie den Anreiz, sich gegen den Austritt krebserregender Stoffe in die Umwelt einzusetzen, schwächen.

ohne irgendeine Verkehrsvorschrift beachten zu müssen, er war unabhängig von technologischen Hilfssystemen. Die Einführung motorisierter Fahrzeuge schien die Freiheit des Menschen zu vergrößern. Sie schränkte die Freiheit des zu Fuß gehenden Menschen nicht ein, niemand musste ein Automobil haben, wenn er nicht wollte, und wer sich dafür entschied, eines zu kaufen, konnte sich viel schneller und weiter bewegen als der Fußgänger. Doch bald begann die Einführung des motorisierten Transportwesens die Gesellschaft in einer Weise zu verändern, durch die die menschliche Bewegungsfreiheit stark eingeschränkt wurde. Mit der steigenden Anzahl der Automobile musste ihr Gebrauch umfassend geregelt werden. In dicht besiedelten Gebieten kann man sich mit einem Auto nicht einfach bewegen, wie man will; die eigene Bewegung wird vom Verkehrsfluss und verschiedenen Verkehrsregeln dirigiert. Man ist durch alle möglichen Verpflichtungen gebunden: Antrag auf Fahrerlaubnis, Fahrprüfung, Erneuerung der Fahrzeugmeldung, Versicherung, technische Kontrollen, monatliche Raten. Vor allem aber ist der motorisierte Transport nicht mehr freiwillig. Seit der Einführung des Transportwesens hat sich die Struktur unserer Städte derart verändert, dass die Mehrzahl der Bürger ihren Arbeitsplatz, ihre Einkaufsmöglichkeiten und Freizeitstätten nicht mehr zu Fuß erreichen können, so dass sie von ihrem Auto abhängig sein MÜSSEN. Oder sie müssen öffentliche Transportmittel benutzen, in diesem Fall haben sie aber noch weniger Kontrolle über ihre eigene Bewegungsfreiheit als in ihrem Auto. Selbst die Freiheit des Fußgängers ist nun stark eingeschränkt. In den Städten muss er ständig an Ampeln warten, die hauptsächlich dem Autoverkehr dienen. Auf dem Lande macht der Autoverkehr das Wandern entlang der großen Straßen gefährlich und unangenehm. (Dieser gerade am Beispiel der Motorisierung erläuterte Punkt ist beachtenswert: Wenn eine neue technologische Errungenschaft als Option eingeführt wird, für oder gegen die der einzelne sich entscheiden kann, heißt das nicht, dass diese Errungenschaft immer optional BLEIBT. In vielen Fällen verändert die neue Technologie die Gesellschaft auf eine Art und Weise, dass die Menschen sich schließlich dazu GEZWUNGEN sehen, sie zu verwenden.)

128. Während der technologische Prozess ALS GANZES unsere Freiheit kontinuierlich einengt, scheint jede einzelne technische Entwicklung FÜR SICH BETRACHTET als wünschenswert. Elektrizität, fließend Wasser, schnelle Fernkommunikationsmittel … wie kann man irgend eines dieser oder anderer Dinge der unzähligen technischen Entwicklungen ablehnen, die die moderne Gesellschaft ausmachen? Es wäre absurd gewesen, etwa der Einführung des Telefons Widerstand zu leisten. Es bot viele Vorteile und keine Nachteile. Und doch haben, wie in den Abschnitten 59-76 erläutert, all diese technischen Entwicklungen zusammengenommen eine Welt geschaffen, in der das Schicksal des gewöhnlichen Menschen nicht mehr in seiner Hand oder der von Nachbarn und Freunden liegt, sondern in denen der Politiker, Firmenmanager und fremder, unbekannter Techniker und Bürokraten, die er als einzelner nicht beeinflussen kann.[25] Dieser Prozess wird sich in Zukunft fortsetzen. Ein Beispiel ist die Genmanipulation. Nur wenige werden sich der Einführung einer Gentechnik widersetzen, die Erbkrankheiten ausrottet. Sie richtet keinen sichtbaren Schaden an und verhindert viel Leiden. Und doch wird eine große Zahl von Verbesserungen durch Genmanipulation den Menschen zu einem designten Produkt machen, das nichts mehr mit einer freien Schöpfung des Zufalls (oder Gottes, oder wessen auch immer, je nach Glaubensvorstellung) zu tun hat.

129. Ein anderer Grund, weshalb die Technologie eine so starke gesellschaftliche Kraft ist, liegt darin, dass der technologische Fortschritt im Umfeld der heute gegebenen Gesellschaft nur

25 Da es für die meisten paradox klingen mag, dass eine großen Anzahl von guten Sachen zu einer schlechten Sache werden kann, wollen wir diesen Punkt mit einer Analogie illustrieren. Nehmen wir an, dass A mit B Schach spielt. Dabei schaut C, ein Großmeister im Schach, A über die Schulter. Selbstverständlich möchte A das Spiel gewinnen, wenn C ihm also einen guten Zug empfiehlt, tut er A damit einen Gefallen. Nehmen wir jetzt aber an, C empfiehlt A ALLE Züge. Dann tut er A in jedem einzelnen Moment einen Gefallen, wenn er ihm den besten Zug zeigt, aber wenn er ALLE Züge für ihn tut, dann verdirbt er das Spiel, denn es hat keinen Sinn für A, das Spiel zu spielen, wenn jemand anderes alle seine Züge macht.
Die Situation des modernen Menschen gleicht der von A. Das System erleichtert das Leben des einzelnen auf vielerlei Weise, aber gerade dadurch beraubt es ihn der Kontrolle über sein eigenes Schicksal.

in eine Richtung verläuft; er kann nicht rückgängig gemacht werden. Ist eine technische Neuheit erst einmal eingeführt, werden die Menschen von ihr abhängig und können nicht mehr darauf verzichten, außer sie wird durch eine noch fortschrittlichere Neuheit ersetzt. Nicht nur die Menschen als Individuen werden abhängig von der neuen technologischen Errungenschaft, sondern das System als Ganzes wird abhängig. (Man stelle sich vor, was mit dem System passieren würde, wenn beispielsweise Computer heute aus dem Verkehr gezogen würden.) Während die Freiheit vor der Technologie zurückweichen muss, kann diese niemals einen Schritt hinter ihre eigene Entwicklung zurückgehen, weil dies das gesamte technologische System vernichten würde.

130. Technologie entwickelt sich mit großer Geschwindigkeit und bedroht die Freiheit an vielen Stellen gleichzeitig (Überbevölkerung, Gesetze und Vorschriften, zunehmende Abhängigkeit der einzelnen von großen Organisationen, Propaganda und andere psychologische Techniken, Genmanipulation, Eingriffe in die Privatsphäre durch ständige Überwachung und Computer usw.). Auch nur eine EINZIGE dieser Bedrohungen der Freiheit abzuwenden, würde einen langen und schwierigen sozialen Kampf erfordern. Diejenigen, die die Freiheit schützen wollen, werden von der bloßen Anzahl immer neuer Angriffe und der Schnelligkeit der Technologieentwicklung überwältigt, so dass sie apathisch werden und den Widerstand aufgeben. Jede einzelne Bedrohung getrennt bekämpfen zu wollen, wäre vergeblich. Auf Erfolg kann man nur hoffen, wenn das technologische System als Ganzes bekämpft würde; aber dies wäre Revolution und nicht Reform.

131. Techniker (wir gebrauchen diese Bezeichnung hier in einem weiten Sinn, gemeint sind alle, die eine spezialisierte Tätigkeit ausführen, für die es eine besondere Ausbildung braucht) neigen dazu, sich derart mit ihrer Arbeit (ihrer Ersatzhandlung) zu identifizieren, dass sie sich im Falle eines Konflikts zwischen ihrer technischen Arbeit und Freiheit fast immer für ihre technische Arbeit entscheiden würden. Bei Wissenschaftlern ist dies offensichtlich, aber es tritt auch anderswo auf: Erzieher, Menschenrechtsgruppen, Umweltorganisationen haben keine Skrupel, Propaganda[26] oder andere psychologische Techniken zu benutzen, um die von ihnen angepriesenen Ziele zu erreichen. Privatunternehmen und staatliche Agenturen zögern nicht, Informationen über Individuen einzuziehen, ohne Rücksicht auf deren Privatsphäre. Für Polizei und Sicherheitsdienste sind die in der Verfassung festgelegten Rechte der Verdächtigen und oft völlig unschuldiger Personen häufig ein Störfaktor, und sie tun, was sie legal (und manchmal illegal) tun können, um diese Rechte zu beschränken oder zu umgehen. Die meisten dieser Erzieher, Regierungsbeamten und Polizisten glauben an Freiheit, Privatsphäre und Verfassungsrechte, wenn diese aber im Konflikt mit ihrer Arbeit liegen, setzen sie sich darüber hinweg.

132. Bekanntlich arbeiten Menschen besser und ausdauernder, wenn sie dafür eine Belohnung erwarten, als wenn sie bloß eine Strafe oder eine negative Folge vermeiden wollen. Wissenschaftler und andere Techniker werden hauptsächlich durch Belohnungen motiviert, die sie durch ihre Arbeit bekommen. Diejenigen jedoch, die sich gegen die technologische Invasion der Freiheit wenden, versuchen bloß, eine negative Folge zu vermeiden; deswegen widmen sich nur wenige ausdauernd und gut dieser entmutigenden Aufgabe. Wenn es Reformern je gelänge, einen bemerkenswerten Sieg zu erringen, der einer weiteren Aushöhlung der Freiheit durch technologischen Fortschritt dauerhafte Grenzen zu setzen scheint, würden die meisten sich danach ausruhen und ihre Aufmerksamkeit angenehmeren Aufgaben widmen. Die Wissenschaftler aber würden weiter fleißig in ihren Laboratorien arbeiten, und die Technologie würde sich gegen alle Widerstände ihren Weg bahnen, immer größere Kontrolle über jeden einzelnen Menschen gewinnen und sie mehr und mehr vom System abhängig machen.

133. Kein gesellschaftliches Übereinkommen, seien es Gesetze, Institutionen, Bräuche oder ethische Normen, kann permanenten Schutz gegen die Technologie gewähren. Die Geschichte hat gezeigt, dass alle gesellschaftlichen Übereinkommen nur vorübergehend gelten; sie ändern sich im Laufe der Zeit oder werden schließlich aufgehoben. Der technologische Fortschritt

26 Vgl. Anm. 16

in einer gegebenen Zivilisation dagegen überdauert. Angenommen, man würde eine gesellschaftliche Übereinkunft erreichen, derzufolge Genmanipulationen an Menschen oder da, wo Freiheit und Würde bedroht wären, nicht zugelassen sind, dann wäre die Technologie dafür doch schon vorhanden. Früher oder später würde die Übereinkunft aufgehoben. Wahrscheinlich eher früher, bei der Geschwindigkeit der Veränderungen in unserer Gesellschaft. Dann würde die Genmanipulation beginnen, unsere Freiheit einzuschränken, und diese Einschränkungen wären unumkehrbar (außer die technologische Gesellschaft selbst bräche zusammen). Jegliche Illusion, es könnte durch gesellschaftliche Übereinkünfte irgend etwas dauerhaftes erreicht werden, sollte allein durch die derzeitigen Entwicklungen in der Umweltschutzgesetzgebung aufgegeben werden. Vor einigen Jahren schien es sichere juristische Grenzen zu geben, die wenigstens EIN PAAR der schlimmsten Umweltzerstörungen verhinderten. Eine Veränderung der politischen Windrichtung, und schon beginnen diese Grenzen zu zerfallen.

134. Aus all den genannten Gründen ist die Technologie eine stärkere gesellschaftliche Kraft als das Streben nach Freiheit – jedoch mit einem Vorbehalt. Es scheint so, als würde das industriell-technologische System in den nächsten Jahrzehnten schweren Belastungen ausgesetzt werden, durch ökonomische und ökologische Probleme, besonders aber durch menschliches Verhalten verursachte Probleme (Entfremdung, Rebellion, Feindseligkeit, verschiedene soziale und psychische Schwierigkeiten). Wir hoffen, dass die Belastungen, denen das System wahrscheinlich ausgesetzt sein wird, es zusammenbrechen lassen oder wenigstens so schwächen werden, dass eine Revolution gegen dieses System möglich wird. Wenn eine solche Revolution eintritt und Erfolg hat, würde dies beweisen, dass das Streben nach Freiheit in diesem besonderen Moment stärker ist als die Technologie.

135. In Abschnitt 125 haben wir das Beispiel des schwachen Nachbarn gebracht, der von einem stärkeren Nachbarn in Not gebracht wird, indem dieser sich in einer Folge von aufgezwungenen Kompromissen das ganze Land des Schwächeren aneignet. Nehmen wir nun an, der starke Nachbar wird plötzlich krank und unfähig, sich zu verteidigen. Der schwache Nachbar kann den starken dazu zwingen, ihm das Land zurückzugeben, oder er kann ihn töten. Lässt er den starken Mann überleben und zwingt ihn nur zur Rückgabe seines Landes, wäre er ein Narr, denn der starke Mann würde ihm das Land wieder wegnehmen, sobald er gesund geworden wäre. Dem Schwachen bleibt keine sinnvolle Alternative als den Starken zu töten, solange er die Chance dazu hat. Genauso müssen wir das industrielle System vernichten, sobald es einmal geschwächt ist. Wenn wir einen Kompromiss eingehen und es sich wieder erholen lassen, dann wird es unsere Freiheit eines Tages endgültig auslöschen.

DIE UNLÖSBARKEIT GESELLSCHAFTLICHER PROBLEME

136. Sollte irgend jemand noch immer glauben, man könne das System reformieren und so die Freiheit vor den Auswirkungen der Technologie schützen, so führe er sich vor Augen, wie ungeschickt und meistens auch erfolglos unsere Gesellschaft bisher mit anderen gesellschaftlichen Problemen umgegangen ist, die wesentlich einfacher waren. Unter anderem hat das System beim Kampf gegen Umweltzerstörung, Korruption, Drogenhandel und häusliche Gewalt versagt.

137. Nehmen wir die Umweltprobleme zum Beispiel. Hier liegt der Konflikt ganz klar auf der Hand: unmittelbarer wirtschaftlicher Nutzen gegenüber der Erhaltung wenigstens einiger natürlicher Ressourcen für kommende Generationen[27]. Doch zu diesem Thema sind von den Machthabern nichts als Geschwätz und Unklarheiten von den Verantwortlichen zu hören, es lässt sich keine klare, konsequente Handlungsfolge erkennen, die Umweltprobleme wachsen weiter und unsere Enkel werden damit leben müssen. Versuche, Umweltfragen zu lösen, haben

27 Wir betrachten hier nur die Konflikte zwischen allgemein anerkannten Werten. Um der Einfachheit willen verzichten wir auf eine Darstellung von Wertvorstellungen von "Außenseitern" wie der, dass die ursprüngliche Natur generell wichtiger sei als das wirtschaftliche Wohlergehen der Menschen.

Streit und Kompromisse unter den verschiedenen Fraktionen ausgelöst, die gegenwärtig noch zunehmen, und immer neue Streitfragen tauchen auf. Die Auseinandersetzung folgt dem raschen Wechsel in der öffentlichen Meinung. Es ist weder ein rationaler Vorgang noch besteht die Aussicht auf eine zeitige und erfolgreiche Lösung des Problems. Die größten sozialen Probleme werden selten oder nie durch einen rationalen, nachvollziehbaren Plan gelöst, wenn sie überhaupt "gelöst" werden. Sie lösen sich höchstens von selbst, indem verschiedene miteinander konkurrierende Gruppen auftauchen, die ihre (kurzfristigen) Eigeninteressen[28] verfolgen, und die sich (meistens durch bloßen Zufall) auf einen mehr oder weniger stabilen *modus vivendi* einigen. Tatsächlich lassen die von uns in den Abschnitten 100-106 dargelegten Prinzipien daran zweifeln, dass vernünftige langfristige gesellschaftliche Planung JEMALS erfolgreich sein kann.

138. Damit wird deutlich, dass die Menschheit, wenn überhaupt, nur sehr begrenzt fähig ist, selbst relativ einfache gesellschaftliche Probleme zu lösen. Wie soll sie dann das viel schwierigere und subtilere Problem lösen, menschliche Freiheit und Technologie zu versöhnen? Technologie verspricht klare materielle Vorteile, wohingegen Freiheit ein Abstraktum ist, das für unterschiedliche Menschen Unterschiedliches bedeutet, und ihr Verlust ist durch Propaganda und modisches Geschwätz leicht zu verschleiern.

139. Man sollte einen wichtigen Unterschied beachten: Es ist denkbar, dass (zum Beispiel) unsere Umweltprobleme eines Tages durch vernünftige und einsichtige Planung geregelt werden könnten, aber wenn das geschieht, dann nur deshalb, weil eine solche Lösung langfristig im Interesse des Systems wäre. Es ist aber NICHT im Interesse des Systems, Freiheit oder die Autonomie kleiner Gruppen zu bewahren. Im Gegenteil, es ist im Interesse des Systems, menschliche Verhaltensformen in höchstmöglichem Maße zu kontrollieren.[29] Somit kann das

28 Eigeninteresse bedeutet nicht immer MATERIELLES Eigeninteresse. Es kann auch um die Erfüllung psychischer Bedürfnisse gehen, zum Beispiel die eigene Ideologie oder Religion zu fördern.

29 Eine Einschränkung: Es ist im Interesse des Systems, in einigen Gebieten

System zwar aus praktischen Gründen zu klugem und überlegtem Handeln hinsichtlich der Umweltprobleme gezwungen sein, gleichermaßen praktische Gründe aber werden es zwingen, menschliches Verhalten immer stärker zu regulieren (vorzugsweise durch indirekte Maßnahmen, die die Einschränkung der Freiheit verschleiern). Das ist nicht nur unsere Meinung. Bekannte Sozialwissenschaftler (z.B. James Q. Wilson) haben die Bedeutung der "Anpassung" der Menschen ausführlich dargelegt.

REVOLUTION IST EINFACHER ALS REFORM

140. Wir hoffen, den Leser davon überzeugt zu haben, dass das System nicht derart reformieren kann, dass Freiheit und Technologie miteinander versöhnt würden. Der einzige Ausweg ist, das industriell-technologische System als ganzes abzuschaffen. Das bedeutet Revolution, nicht unbedingt einen bewaffneten Aufstand, aber sicherlich eine radikale und fundamentale Veränderung des Wesens der Gesellschaft.

141. Die Leute glauben, dass eine Revolution, weil sie viel größere Veränderungen mit sich bringt als eine Reform, deshalb auch schwieriger zu realisieren wäre. Tatsächlich aber ist eine Revolution unter bestimmten Umständen viel leichter durchführbar als eine Reform. Der Grund liegt darin, dass eine revolutionäre Bewegung ein viel begeisterteres Engagement entfachen kann als eine Reformbewegung. Eine Reformbewegung verspricht bloß, ein einzelnes gesellschaftliches Problem zu lösen. Eine revolutionäre Bewegung verspricht mit einem Schlag alle Probleme zu lösen und eine ganz neue Welt zu schaffen; sie bietet ein Ideal, für das Menschen große Risiken auf sich nehmen und große Opfer bringen. Deshalb wäre es viel leichter, das ganze technologische System zu besiegen,

Freiheit zu einem genau umschriebenen Grad zu gewähren. Zum Beispiel nützt ökonomische Freiheit (mit angemessenen Einschränkungen und Auflagen) erwiesenermaßen dem Wirtschaftswachstum. Im Interesse des Systems liegt aber nur geplante, fest umrissene und begrenzte Freiheit. Der einzelne muss immer an der Leine geführt werden, selbst wenn diese Leine manchmal lang ist. Vgl. Abschnitte 94 und 97.

als der Entwicklung oder Anwendung irgend einer Technologie, der Genmanipulation zum Beispiel, effiziente, dauerhafte Beschränkungen aufzuerlegen. Nicht viele Menschen werden sich mit ganzer Kraft und Leidenschaft der Aufgabe widmen, Einschränkungen der Genmanipulation durchzusetzen und aufrechtzuerhalten, aber unter günstigen Umständen werden sich viele Menschen begeistert einer Revolution gegen das industriell-technologische System anschließen. Wie wir in Abschnitt 132 dargelegt haben, versuchen Reformer, die bestimmte Aspekte der Technologie einschränken wollen, bloß negative Folgen zu verhindern. Das Ziel der Revolutionäre ist dagegen die Erfüllung ihrer Vision und dafür können sie sich ungleich stärker und ausdauernder einsetzen als die Reformer.

142. Reform wird immer durch die Angst behindert, die Folgen der Veränderungen könnten zu weitgehend sein. Wenn aber die ganze Gesellschaft erst einmal vom revolutionären Fieber ergriffen ist, sind die Menschen bereit, für ihre Revolution grenzenlose Mühen auf sich zu nehmen. Das haben die Französische und die Russische Revolution bewiesen. Es mag sein, dass nur eine Minderheit der Bevölkerung die Revolution wirklich unterstützt, aber diese Minderheit ist stark und aktiv genug, um die beherrschende Kraft der Gesellschaft zu werden. Über Revolution werden wir ausführlicher in den Abschnitten 180-205 sprechen.

KONTROLLE MENSCHLICHEN VERHALTENS

143. Seit es Zivilisation gibt, haben organisierte Gesellschaften Druck auf Menschen ausgeübt, damit der soziale Organismus funktionieren konnte. Die Art der Unterdrückung ist von Gesellschaft zu Gesellschaft unterschiedlich. Es gibt physische (Hungerrationen, Zwangsarbeit, Umweltverschmutzung) und psychologische Unterdrückung (Lärm, hohe Bevölkerungsdichte, Anpassung des menschlichen Verhaltens an die Erfordernisse der Gesellschaft). In der Vergangenheit hat sich die menschliche Natur kaum oder jedenfalls nur geringfügig verändert. Deshalb hatte der Druck, der auf die Menschen ausgeübt werden konnte, Grenzen. Sind diese Grenzen des menschlichen

Durchhaltevermögens erreicht, dann beginnen die Probleme: Aufruhr, Verbrechen, Korruption, Arbeitsverweigerung, Depression oder andere mentale Probleme, erhöhte Todesrate, Geburtenrückgang oder ähnliches, so dass die Gesellschaft entweder zusammenbricht oder ihr Funktionieren so fehlerhaft wird, dass sie (plötzlich oder allmählich, durch Eroberung, Zermürbung oder Evolution) durch eine leistungsfähigere Gesellschaftsform abgelöst wird.[30]

144. Auf diese Weise hat die menschliche Natur in der Vergangenheit der Entwicklung von Gesellschaften gewisse Grenzen gesetzt. Der Mensch konnte nur bis zu einem bestimmten Punkt Druck ertragen. Doch heute mag sich auch das ändern, weil die moderne Technologie Wege gefunden hat, die menschliche Natur zu verändern.

145. Man stelle sich eine Gesellschaft vor, die Menschen Lebensbedingungen unterwirft, die sie sehr unglücklich machen, und ihnen dann Drogen verabreicht, die das Gefühl des Unglücklichseins beseitigen. Science fiction? Dies ist in gewissem Umfang in unserer eigenen Gesellschaft bereits üblich. Wie weithin bekannt, sind die Fälle klinischer Depression in den letzten Jahrzehnten dramatisch gestiegen. Wir sind überzeugt, dass dies auf die Störung des *power process* zurückzuführen ist, wie in den Abschnitten 59-76 erläutert. Selbst wenn wir uns irren sollten, ist dieser Anstieg von Depressionen doch auf jeden Fall das Ergebnis EINIGER Lebensbedingungen der heutigen Gesellschaft. Anstatt die Bedingungen zu beseitigen, die die Menschen deprimieren, verabreicht ihnen die moderne Gesellschaft antidepressive Drogen. Im Endeffekt sind Antidepressiva ein Mittel, den inneren Zustand einer Person so zu verändern, dass sie nun die sozialen Bedingungen aushalten kann, die

30 Wir wollen damit nicht behaupten, die Leistungsfähigkeit oder das Überlebenspotenzial einer Gesellschaft stünden stets in einem umgekehrten Verhältnis zum Ausmaß von Unterdrückung oder Unbehagen, dem die Gesellschaft die Menschen aussetzt. Das ist sicherlich nicht der Fall. Es gibt gute Gründe anzunehmen, dass viele primitive Gesellschaften die Menschen weniger unterdrückt haben als es die europäische Gesellschaft getan hat, aber die europäische Gesellschaft hat sich als wesentlich leistungsfähiger als jede primitive Gesellschaft erwiesen und war aufgrund ihres technologischen Fortschritts diesen Gesellschaften immer überlegen.

ihr sonst unerträglich wären. (Ja, wir wissen, dass Depression oft rein genetisch bedingt ist. Wir beziehen uns hier auf die Fälle, in denen die Umwelt eine wichtige Rolle spielt.)

146. Drogen, die auf das Bewusstsein einwirken, sind nur ein Beispiel für die neuen Methoden, die die Gesellschaft zur Kontrolle menschlichen Verhaltens entwickelt. Werfen wir einen Blick auf einige andere Methoden.

147. Da gibt es zunächst einmal die Überwachungstechniken. Versteckte Kameras werden inzwischen in den meisten Geschäften eingesetzt, und an vielen anderen Orten ist der Einsatz von Computern üblich, um zahlreiche Informationen über Einzelpersonen zu sammeln und auszuwerten. Mit den auf solche Weise gesammelten Informationen lässt sich verstärkt Druck ausüben (Polizei z.B.[31]). Dann gibt es die Propagandamethoden der Massenmedien. Es wurden wirksame Methoden entwickelt, um Wahlen zu gewinnen, Produkte zu verkaufen, die öffentliche Meinung zu beeinflussen. Die Unterhaltungsindustrie stellt ein wichtiges psychologisches Werkzeug des Systems dar, auch dann, wenn sie viel Sex und Gewalt zeigen. Unterhaltung ermöglicht dem modernen Menschen, seiner Realität vorübergehend zu entfliehen. Während er vor dem Fernseher oder Videogerät sitzt, kann er Stress, Ängste, Enttäuschungen und Unzufriedenheit vergessen. Viele primitive

31 Wer glaubt, eine leistungsfähigere Polizei sei unzweideutig eine gute Sache, weil sie Verbrechen verhindere, sei daran erinnert, dass das, was das System als Verbrechen definiert, nicht notwendigerweise auch von einem SELBST als Verbrechen betrachtet wird. Heute ist es ein "Verbrechen", Marihuana zu konsumieren, und in einigen Staaten der USA auch der Besitz einer nicht registrierten Handfeuerwaffe. Morgen ist vielleicht der Besitz JEGLICHER Feuerwaffe, registriert oder nicht, ein Verbrechen, und dasselbe mag für missbilligte Erziehungsmethoden wie die körperliche Züchtigung gelten. In manchen Ländern ist die Äußerung einer abweichenden politischen Meinung ein Verbrechen, und es gibt keine Gewissheit, dass dies in den USA nicht auch passieren könnte, da keine Verfassung und kein politisches System ewig dauern.

Wenn eine Gesellschaft eine starke und mächtige Polizei braucht, dann liegt etwas in dieser Gesellschaft sehr im Argen; sie muss die Menschen stark unter Druck setzen; sie ist deshalb genötigt, Menschen unter Druck zu setzen, da sich so viele weigern, sich an die Vorschriften zu halten. In der Vergangenheit sind viele Gesellschaften ohne offizielle oder mit einer schwachen Polizei ausgekommen.

Völker sind im Einklang mit sich selbst und der Welt, sie können deshalb, wenn die Arbeit getan ist, stundenlang herumsitzen ohne etwas zu tun. Der moderne Mensch dagegen muss ständig beschäftigt oder unterhalten werden, sonst "langweilt" er sich, d.h. er wird unruhig, fühlt sich unbehaglich und gereizt.

148. Andere Techniken gehen weiter als die zuvor beschriebenen. Erziehung besteht nicht mehr nur darin, einem Kind den Hintern zu versohlen, wenn es seine Schulaufgaben nicht gemacht hat und ihm den Kopf zu streicheln, wenn es sie gut gemacht hat. Es ist zu einer wissenschaftlichen Aufgabe geworden, die Entwicklung des Kindes zu überwachen. *Sylvan Learning Centers* etwa waren sehr erfolgreich darin, Kinder zum Lernen zu motivieren, und ihre psychologischen Methoden wurden in vielen herkömmlichen Schulen mehr oder weniger erfolgreich eingesetzt. Eltern wird in "Elternschulen" beigebracht, ihren Kindern die Grundwerte des Systems richtig zu vermitteln und ihr Verhalten nach den Wünschen des Systems zu formen. Programme zur "geistigen Gesundheit", Methoden der "Intervention", Psychotherapie u.a. wurden vorgeblich zum Nutzen der Menschen entwickelt, in Wirklichkeit dienen sie aber dazu, das Denken und Verhalten der Menschen dem System anzupassen. (Hierin liegt kein Widerspruch; eine Person, deren Einstellung oder Verhalten zu Konflikten mit dem System führt, stellt sich gegen eine Macht, die zu groß ist, als dass sie überwunden werden oder man ihr entkommen könnte, also wird sie wahrscheinlich unter Stress, Niedergeschlagenheit und Frustration leiden. Sie hat es wesentlich leichter, wenn sie so denkt und handelt, wie das System es erfordert. In diesem Sinne handelt das System für das Wohlergehen des einzelnen, wenn es ihn durch Gehirnwäsche der Gesellschaft anpasst.) Kindesmisshandlung in ihren krassen und offensichtlichen Formen wird in den meisten, wenn nicht allen Kulturen verurteilt. Ein Kind aus trivialen oder gar keinen Gründen zu quälen, schreckt nahezu jeden ab. Aber viele Psychologen fassen Kindesmisshandlung viel weiter. Sind Prügel als Maßnahme in einem rationalen und konsequenten Disziplinarsystem eine Form der Misshandlung? Diese Frage wird letztlich dadurch entschieden, ob körperliche Züchtigung zu systemkonformem Verhalten führt. Das Wort "Misshandlung" wird in der Praxis als Sammelbegriff für alle Arten von Kindererziehung benutzt, die zu

Verhalten führen, das nicht ins System passt. Wo Programme zur Verhinderung von "Kindesmissbrauch" über das Verhindern von offensichtlicher, sinnloser Grausamkeit hinausgehen, sind sie auf die Kontrolle systemkonformen menschlichen Verhaltens ausgerichtet.

149. Vermutlich wird die Forschung die Leistungsfähigkeit psychologischer Methoden zur Kontrolle menschlichen Verhaltens weiter steigern. Wir denken aber, dass psychologische Methoden allein wahrscheinlich nicht ausreichen, um Menschen einer Gesellschaft anzupassen, wie sie durch Technologie geschaffen wird. Man wird wahrscheinlich auch biologische Methoden anwenden müssen. Wir haben den Gebrauch von Drogen in diesem Zusammenhang bereits erwähnt. Die Neurologie könnte ein anderer Weg zur Veränderung des menschlichen Bewusstseins sein. Genmanipulation am Menschen tritt als "Gentherapie" bereits auf, und es gibt keinen Grund anzunehmen, dass solche Methoden nicht irgendwann angewandt werden, um diejenigen körperlichen Aspekte zu verändern, die das mentale Funktionieren steuern.

150. Wie wir in Abschnitt 134 erwähnten, wird die Industrielle Gesellschaft bald starken Belastungen durch Umwelt- und Wirtschaftsprobleme sowie durch menschliche Verhaltensweisen ausgesetzt werden. Und ein beachtlicher Teil dieser Wirtschafts- und Umweltprobleme des Systems wird durch menschliches Verhalten verursacht. Entfremdung, mangelndes Selbstwertgefühl, Depressionen, Feindseligkeit, Rebellion, Lernverweigerung bei Kindern, Jugendbanden, Drogenmissbrauch, Vergewaltigung, Kindesmisshandlung, andere Kriminalität, ungeschützter Sex, Schwangerschaften bei Jugendlichen, Bevölkerungsexplosion, politische Korruption, Rassenhass, ethnische Auseinandersetzungen, ideologische Konflikte (z.B. über Abtreibungen), politischer Extremismus, Terrorismus, Sabotage, Regierungsgegner. All dies bedroht das schiere Überleben des Systems. Es ist daher GEZWUNGEN, alle praktischen Möglichkeiten zur Kontrolle menschlichen Verhaltens anzuwenden.

151. Die heute erkennbare gesellschaftliche Zerstörung ist keineswegs Ergebnis eines bloßen Zufalls, sondern kann nur das

Ergebnis von Lebensbedingungen sein, die das System den Menschen auferlegt hat. (Wie wir bereits dargelegt haben, ist einer der Hauptgründe die Störung des *power process*.) Wenn es dem System gelingt, das menschliche Verhalten einer ausreichenden Kontrolle zu unterwerfen, die sein eigenes Überleben sichert, wäre ein Wendepunkt der Menschheitsgeschichte erreicht. Während die Grenzen menschlichen Durchhaltevermögens früher auch der Entwicklung von Gesellschaften Grenzen setzten (wie in den Abschnitten 143 und 144 erklärt), wird die industriell-technologische Gesellschaft in der Lage sein, diese Grenzen zu überschreiten, indem sie Menschen verändert, sei es durch psychologische oder biologische Methoden oder beides. In Zukunft werden Gesellschaftssysteme nicht mehr den menschlichen Bedürfnissen angepasst. Statt dessen werden die Menschen den Bedürfnissen des Systems angepasst.[32]

152. Im Allgemeinen lässt sich sagen, dass technologische Kontrolle über menschliches Verhalten wahrscheinlich nicht unbedingt mit totalitären Absichten eingeführt werden wird oder gar aus einem bewussten Verlangen, menschliche Freiheit zu beschränken.[33] Jeder weitere Schritt auf dem Weg zur Kontrolle über menschliches Bewusstsein wird für eine rationale Antwort auf ein Problem gehalten werden, mit dem die Gesellschaft konfrontiert ist, etwa Alkoholismus zu heilen, die Kriminalitätsrate zu senken oder die Jugend dazu zu bringen, Wissenschaften und Technik zu studieren. In den meisten Fällen wird sich eine humanitäre Rechtfertigung finden. Zum Beispiel, wenn ein Psychiater einem depressiven Patienten ein antidepressives Medikament verschreibt, tut er dem Kranken ganz klar einen Gefallen. Es wäre unmenschlich, jemandem das Medikament vorzuenthalten, der es benötigt. Wenn Eltern ihre Kinder in *Sylvan Learning Center* schicken, damit sie so mani-

32 Sicher hatten auch vergangene Gesellschaften Einflussmöglichkeiten auf menschliches Verhalten, diese waren aber verhältnismäßig primitiv und wirkungslos verglichen mit den technologischen Möglichkeiten, die jetzt entwickelt werden.

33 Einige Psychologen haben ihre Geringschätzung menschlicher Freiheit allerdings öffentlich bekanntgegeben. Und der Mathematiker Claude Shannon wird in *Omni* (August 1987) mit den Worten zitiert: "Ich sehe eine Zeit vor mir, in der wir für die Roboter sein werden, was Hunde jetzt für Menschen sind, und ich stimme für die Maschinen."

puliert werden, dass sie mit Begeisterung lernen, dann tun sie das aus Sorge um das Wohl ihrer Kinder. Vielleicht wäre es einigen Eltern lieber, es wäre nicht nötig, eine Spezialausbildung zu absolvieren, um einen Job zu bekommen, und dass ihre Kinder keiner Gehirnwäsche unterzogen werden müssten, die sie zu Computerfreaks macht. Aber was bleibt ihnen übrig? Sie können die Gesellschaft nicht ändern, und ihre Kinder bekommen keine Arbeit, wenn sie bestimmte Fähigkeiten nicht gelernt haben. So werden sie also ihre Kinder in das Center schicken.

153. Somit wird die Kontrolle menschlichen Verhaltens nicht aufgrund einer rationalen Entscheidung der Behörden eingeführt, sondern im Zuge eines gesellschaftlichen Entwicklungsprozesses (aber eines SCHNELLEN Prozesses). Es ist unmöglich, sich diesem Prozess entgegenzustellen, weil jede Entwicklung für sich gesehen nützlich scheint, oder wenigstens scheint das mit der Entwicklung einhergehende Übel geringer als das Übel, das man auf sich zu nehmen hat, wenn man diese Entwicklung nicht zulässt. (Vgl. Abschnitt 128) Propaganda wird beispielsweise für viele gute Zwecke benutzt, gegen Kindesmissbrauch oder Rassenhass.[34] Sexuelle Aufklärung ist zweifellos nützlich, dennoch wird durch sexuelle Aufklärung (wenn sie erfolgreich ist) der Familie die Einflussnahme auf sexuelles Verhalten genommen und dem Staat, vertreten durch das öffentliche Schulsystem, übertragen.

154. Nehmen wir an, man würde eine biologische Veranlagung entdecken, die die Wahrscheinlichkeit erhöht, dass ein Kind verbrecherische Neigungen entwickeln wird, und nehmen wir weiter an, eine bestimmte Gentherapie könnte diese Veranlagung ausschalten.[35] Selbstverständlich würden die meisten El-

34 Vgl. Anm. 16

35 Das ist keine Science Fiction! Nachdem wir den Abschnitt 154 niedergeschrieben hatten, stießen wir auf einen Artikel im *Scientific American*, demzufolge Wissenschaftler an Methoden, mit denen mögliche zukünftige Verbrecher identifiziert und mit biologischen und psychologischen Mitteln behandelt werden können. Einige Wissenschaftler setzen sich für die obligatorische Anwendung dieser Behandlungen ein, die in nächster Zeit verfügbar sein werden. (Siehe "Seeking the Criminal Element" von W. Wayt Gibbs, *Scientific American*, März 1995.) Man mag denken, dies sei schon in Ordnung, weil damit ja

tern, deren Kinder solche Anlagen hätten, sie der Therapie unterziehen. Alles andere wäre inhuman, da das Kind sonst vielleicht ein elendes Leben als Verbrecher führen müsste. Aber die meisten oder sogar alle primitiven Gesellschaften haben eine niedrige Verbrecherrate verglichen mit der unserer Gesellschaft, obwohl sie weder über High-Tech-Methoden der Kindererziehung verfügen noch über ein strenges Strafsystem. Da es keinen Grund zu der Annahme gibt, dass mehr moderne Menschen als primitive Menschen kriminell veranlagt wären, muss die hohe Kriminalitätsrate in unserer Gesellschaft auf den Druck zurückgeführt werden, den die modernen Lebensbedingungen auf die Menschen ausüben und dem sich viele Menschen nicht beugen können oder wollen. Also wäre eine Behandlung, die potentielle kriminelle Tendenzen ausschaltet, wenigstens teilweise schon eine Manipulation oder ein Neudesign des Menschen mit dem Zweck, diesen den Anforderungen des Systems anzupassen.

155. Unsere Gesellschaft neigt dazu, jedes Denken oder Verhalten, das dem System unbequem ist, als "Krankheit" anzusehen, und das ist nur plausibel, denn wenn eine Person nicht ins System passt, ist dies für die Person genauso schmerzhaft wie es dem System Probleme bereitet. Also betrachtet man die Manipulation von Menschen zwecks Anpassung an das System als "Heilung" einer "Krankheit", und also als etwas Gutes.

156. In Abschnitt 127 haben wir dargestellt, dass die Benutzung einer neuen technologischen Erfindung ANFANGS zwar optional sein mag, dies aber nicht unbedingt so BLEIBEN muss, weil die neue Technologie die Gesellschaft derart verändert, dass es für den einzelnen schwierig oder unmöglich wird, ohne diese Technologie auszukommen. Das lässt sich auch auf Technologien zur Verhaltenskontrolle anwenden. In einer Welt, in der die meisten Kinder durch spezielle Programme zum Lernen motiviert werden, werden alle Eltern geradezu gezwungen, auch ihre

nur die potentiellen Gewaltverbrecher behandelt würden. Doch dort würde man sicher nicht stehen bleiben. Als nächstes würde man auf diese Weise potentielle Alkoholiker am Steuer behandeln (die auch Menschenleben bedrohen), dann würde man sich diejenigen vornehmen, die ihre Kinder prügeln, dann die Umweltschützer, die Holzfällertransporte sabotieren, und schließlich jeden, dessen Verhalten nicht systemkonform ist.

Kinder einem solchen Programm zu unterziehen, denn würden sie das nicht tun, blieben ihre Kinder vergleichsweise ungebildet und würden später keine Arbeit finden. Oder angenommen, man würde eine biologische Behandlungsmethode ohne unerwünschte Nebenwirkungen entdecken, die den psychischen Stress, unter dem so viele Menschen in unserer Gesellschaft leiden, weitgehend verringern würde. Wenn viele Menschen sich dieser Behandlung unterzögen, wäre damit der allgemeine Grad an Stress in der Gesellschaft vermindert, und das System hätte einen größeren Spielraum, die psychologischen Belastungen weiter zu erhöhen. Das würde dazu führen, dass mehr Menschen sich der Behandlung unterziehen und so weiter, so dass der Druck schließlich so stark würde, dass kaum ein Mensch fähig wäre, ohne die stressreduzierende Behandlung zu überleben. Tatsächlich scheint so etwas bereits geschehen zu sein, nämlich in Form der Massenunterhaltung, die eines der wichtigsten psychologischen Mittel unserer Gesellschaft ist, um die Menschen dazu zu bringen, Stress zu ertragen (oder ihm wenigstens vorübergehend zu entkommen). (Vgl. Abschnitt 147) Unser Gebrauch der Massenunterhaltung ist "optional": Kein Gesetz zwingt uns dazu fernzusehen, Radio zu hören, Zeitschriften zu lesen. Dennoch ist Massenunterhaltung ein Mittel zur Flucht und zur Stressreduzierung, von dem die meisten von uns abhängig geworden sind. Jeder beschwert sich über die schlechten Fernsehsendungen, aber fast jeder sieht sie sich an. Nur wenige haben das Fernsehen aufgegeben, aber nur selten gibt es heute noch jemanden, der ohne JEDE Form der Massenunterhaltung zurecht kommt. (Und doch kannten die meisten Menschen in der Menschheitsgeschichte bis vor kurzem keine andere Unterhaltung als die, die ihre eigene kleine Gemeinschaft geschaffen hatte, und waren damit zufrieden.) Ohne die Unterhaltungsindustrie hätte uns das System nicht soviel Stress hervorrufendem Druck aussetzen können, wie es zur Zeit der Fall ist.

157. Angenommen, die industrielle Gesellschaft überlebt, dann wird die Technologie wahrscheinlich in der Lage sein, menschliches Verhalten völlig zu kontrollieren. Es ist ohne jeden Zweifel bewiesen, dass menschliches Bewusstsein und Verhalten vor allem eine biologische Grundlage haben. Wie Versuche gezeigt haben, können Gefühle wie Hunger, Freude, Ärger und Angst durch elektrische Stimulation gewisser Gehirnteile hervorgerufen oder abgeschaltet werden. Die Erinnerung kann durch die Zerstörung von Teilen des Gehirns ausgelöscht oder durch elektrische Stimulation wiederbelebt werden. Halluzinationen und Stimmungen können durch Drogen verändert werden. Es mag eine immaterielle menschliche Seele geben oder nicht, aber wenn es sie gibt, wirkt sie deutlich schwächer als die biologischen Mechanismen auf das menschliche Verhalten ein. Denn wenn dies nicht der Fall wäre, wären die Forscher nicht in der Lage, menschliche Gefühle und Verhalten mittels Drogen und Strom so leicht zu manipulieren.

158. Vermutlich wäre es nicht durchführbar, allen Menschen Elektroden ins Hirn einzupflanzen, damit sie von den Behörden kontrolliert werden können. Aber die Tatsache, dass das menschliche Bewusstsein und Gefühlsleben biologischen Eingriffen offenstehen, macht deutlich, dass es sich bei dem Problem der Kontrolle menschlichen Verhaltens lediglich um ein technisches Problem handelt; ein Problem von Neuronen, Hormonen und komplexen Molekülen; die Art von Problemen, die mit wissenschaftlichen Mitteln zu lösen sind. Wenn man die außergewöhnliche Bilanz unserer Gesellschaft bei der Lösung technischer Probleme betrachtet, ist es überwältigend wahrscheinlich, dass auch bei der Verhaltenskontrolle große Fortschritte erzielt werden.

159. Würde öffentlicher Widerstand die Einführung technologischer Kontrolle menschlichen Verhaltens verhindern? Wenn eine solche plötzlich und auf ein Mal eingeführt würde, wäre das sicherlich möglich. Da die technologische Kontrolle aber nur ganz allmählich durch eine Reihe kleiner Schritte eingeführt werden wird, wird es keinen rationalen und wirksamen öffentlichen Widerstand dagegen geben. (Vgl. Abschnitte 127, 132 und 153)

160. Diejenigen, die meinen, alles hier gesagte höre sich zu sehr nach Science Fiction an, seien daran erinnert, dass die Science Fiction von gestern die Tatsachen von heute sind. Die industrielle Revolution hat die Umgebung und die Lebensweise des Menschen radikal verändert, und es ist nur zu erwarten, dass der Mensch selbst, je mehr Technologie auf seinen Körper und sein Bewusstsein angewandt wird, sich genauso radikal verändern wird wie seine Umwelt und seine Lebensweise verändert wurden.

DIE MENSCHHEIT AM SCHEIDEWEG

161. Doch wir greifen voraus. Es ist eine Sache, in Laborversuchen psychologische und biologische Techniken zur Manipulation menschlichen Verhaltens durchzuführen, und eine ganz andere, diese Techniken in ein funktionierendes soziales System zu integrieren. Das letztere ist weitaus schwieriger. So kann es zum Beispiel sehr schwierig sein, die erziehungspsychologischen Techniken, die in den sogenannten "Lab Schools", wo sie entwickelt wurden, zweifellos sehr gut funktionieren, auch im gesamten allgemeinen Erziehungssystem effizient anzuwenden. Wir wissen alle, was an vielen unserer Schulen heute los ist. Die Lehrer sind zu sehr damit beschäftigt, die Messer und Waffen der Kinder einzuziehen, sie können sie nicht auch noch den neuesten Techniken unterziehen, die sie zu Computerfreaks machen sollen. Somit ist das System bisher trotz aller technischen Fortschritte im Bereich der Kontrolle menschlichen Verhaltens nicht sehr erfolgreich in der Kontrolle von Menschen. Die Menschen, deren Verhalten bereits weitgehend vom System kontrolliert wird, sind die so genannten "Bourgeois". Doch es wächst die Zahl der Menschen, die auf die eine oder andere Weise gegen das System rebellieren: Sozialhilfeschmarotzer, Jugendbanden, Sektenanhänger, Satanisten, Nazis, radikale Umweltschützer, Milizen u.a.

162. Das System führt seit einiger Zeit einen verzweifelten Kampf gegen gewisse Probleme, die sein Überleben bedrohen, und die größten dieser Probleme werden durch menschliches Verhalten verursacht. Wenn es dem System schnell genug gelingt, ausreichende Kontrolle über das menschliche Verhalten zu erlangen, dann wird es wahrscheinlich überleben. Andernfalls wird es zusammenbrechen. Wir glauben, dass sich diese Frage in den nächsten paar Jahrzehnten entscheiden wird, in etwa 40 bis 100 Jahren.

163. Nehmen wir an, das System überlebt die Krise in den nächsten Jahrzehnten. In dieser Zeit muss es ihm gelungen sein, seine Hauptprobleme zu lösen oder wenigstens zu kontrollieren, besonders das Problem der "Anpassung" der Menschen ans System; im Klartext, die Menschen müssen so gefügig gemacht werden, dass ihr Verhalten das System nicht länger bedrohen kann. Ist das einmal erreicht, gibt es keine Hürden mehr für die technologische Entwicklung, und die logische Konsequenz würde darin bestehen, alles auf der Erde vollständig kontrollieren zu können, einschließlich der Menschen und aller anderen wichtigen Lebensformen. Das System könnte dann zu einer einheitlichen, monolithischen Organisation werden oder mehr oder weniger fragmentiert sein und aus einer Reihe von nebeneinander existierenden Organisationen bestehen, die gleichzeitig miteinander kooperieren und konkurrieren, so wie heute Regierung, Unternehmen und große Organisationen sowohl miteinander kooperieren als auch konkurrieren. Menschliche Freiheit wird dann so gut wie verschwunden sein, weil Einzelpersonen und kleine Gruppen den großen Organisationen machtlos gegenüberstehen, die mit Supertechnologien und einem Arsenal von fortschrittlichen psychologischen und biologischen Methoden zur Manipulation von Menschen ausgerüstet sind, ganz abgesehen von Instrumenten zur Überwachung und dem Monopol physischer Gewalt. Nur eine kleine Gruppe von Menschen hat dann wirkliche Macht, und selbst diese werden nur eine begrenzte Freiheit haben, denn auch ihr Verhalten wird reguliert werden; ganz wie unsere Politiker und Aufsichtsräte ihre Machtpositionen heute nur so lange halten können, wie ihr Verhalten innerhalb gewisser enger Grenzen bleibt.

164. Man glaube bloß nicht, dass das System aufhören wird, weitere Techniken zur Kontrolle von Mensch und Natur zu entwickeln, auch wenn die Krise der nächsten Jahrzehnte überwunden und weitere Kontrolle für das Überleben des Systems nicht länger notwendig sein wird. Im Gegenteil, wenn diese schwierigen Zeiten vorüber sind, wird das System seine Kontrolle über Mensch und Natur noch schneller verstärken, um nicht erneut von Problemen aufgehalten zu werden, wie denen, die es gerade überwunden hat. Der Wille zu überleben ist nicht das Hauptmotiv für das Ausdehnen der Kontrolle. Wie wir in den Abschnitten 87-90 erklärt haben, ist die Arbeit der

Wissenschaftler und Techniker für sie eine Ersatzhandlung; das heißt, sie befriedigen ihr Machtbedürfnis, indem sie technologische Probleme lösen. Sie werden mit ungebremster Begeisterung damit fortfahren, und eines der interessantesten und herausforderndsten Probleme wird sein, den menschlichen Körper und das menschliche Bewusstsein zu verstehen und in ihre Entwicklung einzugreifen. Alles "zum Besten der Menschheit", selbstverständlich.

165. Doch nehmen wir nun im Gegenteil an, die Belastungen der kommenden Jahrzehnte erweisen sich als zu stark für das System. Wenn es zusammenbricht, gäbe es zunächst eine Periode des Chaos, eine "Zeit der Unruhe", wie man sie aus verschiedenen anderen Geschichtsepochen der Vergangenheit kennt. Es ist unmöglich vorauszusagen, was aus dieser Zeit der Unruhe hervorgehen würde, in jedem Fall aber hätte die Menschheit eine neue Chance. Die größte Gefahr wäre dann, dass sich die industrielle Gesellschaft in den ersten Jahren nach dem Zusammenbruch wieder konsolidiert. Mit Sicherheit wird es viele Menschen geben (besonders die machtgierigen Charaktere), die dafür Sorge tragen, die Fabriken wieder in Gang zu bringen.

166. Daher stellen sich denen, die die Sklaverei, zu der das industrielle System die Menschheit erniedrigt, bekämpfen wollen, zwei Aufgaben. Erstens müssen wir daran arbeiten, den gesellschaftlichen Druck innerhalb des Systems noch zu verstärken, um die Wahrscheinlichkeit seines Zusammenbruchs zu erhöhen oder es genügend zu schwächen, um dadurch eine Revolution möglich zu machen. Zweitens muss man eine Ideologie entwickeln und propagieren, die sich gegen die Technologie und die industrielle Gesellschaft richtet. Solch eine Ideologie kann dann die Basis der Revolution gegen die industrielle Gesellschaft sein. Und solch eine Ideologie kann dabei helfen sicherzustellen, dass im Falle und zum Zeitpunkt des Zusammenbruchs der industriellen Gesellschaft ihre Überreste völlig zerstört werden, so dass sich das System nicht wieder konsolidieren kann. Fabriken müssen zerstört, technische Lehrbücher verbrannt werden usw.

MENSCHLICHES LEIDEN

167. Das industrielle System wird nicht einfach als Ergebnis revolutionärer Aktionen zusammenbrechen. Es wird erst und nur dann durch revolutionäre Angriffe verwundbar, wenn seine internen Entwicklungsprobleme zu ernsthaften Schwierigkeiten geführt haben. Das System wird also entweder von selbst zusammenbrechen oder in einem Prozess, der zum Teil von selbst abläuft und zum Teil durch die Revolutionäre beschleunigt wird. Erfolgt der Zusammenbruch plötzlich, werden viele Menschen sterben, denn die Weltbevölkerung hat dermaßen zugenommen, dass sie nicht einmal mehr in der Lage ist, sich ohne fortgeschrittene Technologie zu ernähren. Selbst wenn sich der Zusammenbruch so allmählich vollzieht, dass die Bevölkerung vor allem durch eine sinkende Geburten- und weniger durch eine steigende Todesrate verringert werden kann, wird der Prozess der De-Industrialisierung wahrscheinlich sehr chaotisch sein und viel Leiden verursachen. Es wäre naiv zu glauben, die Technologie könnte nach einem wohlorganisierten, glatt verlaufenden Plan einfach abgebaut werden, besonders wo doch die Technologieanhänger hartnäckig gegen jeden Schritt kämpfen werden. Ist es deshalb grausam, für den Zusammenbruch des Systems zu kämpfen? Das wird sich zeigen. Erstens werden Revolutionäre überhaupt nur dann in der Lage sein, das System zu zerstören, wenn es schon so gestört ist, dass es sehr wahrscheinlich bald von selbst zerfallen würde; und je umfassender sich das System ausgedehnt hat, desto verheerender werden die Konsequenzen seines Zusammenbruchs sein, so dass die Revolutionäre, die den Zusammenbruch beschleunigen, das Ausmaß der Katastrophe eher verringern.

168. Zweitens hat man Kampf und Tod gegen den Verlust von Freiheit und Würde abzuwägen. Für viele von uns bedeuten Freiheit und Würde mehr als ein langes Leben oder die Vermeidung von körperlichen Schmerzen. Außerdem müssen wir alle einmal sterben, und es ist vielleicht besser, im Kampf ums Überleben oder für eine Sache zu sterben, als ein langes, aber leeres und sinnloses Leben zu führen.

169. Drittens ist es keineswegs sicher, dass das Überleben des Systems weniger schlimme Folgen hätte als sein Zusammenbruch. Das System ist die Ursache vieler Leiden in Vergangenheit und Gegenwart auf der ganzen Welt. Alte Kulturen, in denen Menschen jahrhundertelang im Einklang miteinander und mit ihrer Umwelt lebten, wurden durch den Kontakt mit der industriellen Gesellschaft zerstört, und das Ergebnis ist eine lange Liste von wirtschaftlichen, gesellschaftlichen, psychologischen und Umweltproblemen. Eine Folge des Eindringens der industriellen Gesellschaft war, dass überall in der Welt die natürliche Kontrolle des Bevölkerungswachstums aus dem Gleichgewicht geraten ist. Daher die Bevölkerungsexplosion mit all ihren Folgen. Eine andere Folge sind die in den vermeintlich glücklichen Ländern der westlichen Welt weit verbreiteten psychologischen Krankheiten (vgl. Abschnitte 44-45). Niemand kann jetzt schon die Folgen des Ozonlochs, des Treibhauseffekts oder anderer Umweltprobleme voraussagen. Wie die Weitergabe von nuklearem Material gezeigt hat, lässt sich nicht verhindern, dass neue Technologien in die Hand von Diktatoren und verantwortungslosen Dritte-Welt-Ländern geraten. Möchten Sie sich vorstellen, wie der Irak oder Nordkorea Genmanipulation anwenden würden?

170. "Oh!", sagen die Technologieanhänger, "die Wissenschaft bringt das alles in Ordnung! Wir werden Hunger überwinden, psychisches Leiden ausrotten und jedermann gesund und glücklich machen!" Ja, sicher. Das haben sie schon vor 200 Jahren gesagt. Die industrielle Revolution sollte die Armut beseitigen, jedermann glücklich machen usw. Aber das heutige Ergebnis sieht ganz anders aus. Die Technologieanhänger sind hoffnungslos naiv (oder sie täuschen sich selbst) in ihrer Auffassung gesellschaftlicher Probleme. Sie merken nicht (oder wollen nicht merken), dass große Veränderungen, selbst scheinbar zunächst positive, nicht in einer Gesellschaft eingeführt werden können, ohne eine lange Folge anderer Veränderungen hervorzurufen, von denen die meisten nicht vorhersehbar sind (vgl. Abschnitt 103). Das Ergebnis ist die Zerstörung der Gesellschaft. So ist es sehr wahrscheinlich, dass die Technologieanhänger bei ihren Versuchen, Armut und Krankheit zu besiegen und unterwürfige, glückliche Persönlichkeiten zu konstruieren usw., Gesellschaftssysteme schaffen werden, die von viel schlimmeren Problemen geplagt werden als die heutigen. Zum Beispiel brüsten sich Wissenschaftler damit, dass sie den

Hunger durch neue genmanipulierte Nutzpflanzen besiegen werden. Aber damit wird die menschliche Bevölkerung unendlich anwachsen können, und es ist bekannt, dass eine hohe Bevölkerungsdichte zu Stress und Aggression führt. Das ist nur ein Beispiel der VORAUSSAGBAREN Probleme, die auftreten werden. Wir betonen, dass technischer Fortschritt, wie vergangene Erfahrungen gezeigt haben, andere neue Probleme aufwirft, die NICHT vorhersehbar sind (vgl. Abschnitt 103). Tatsächlich nämlich hat die Technologie seit der industriellen Revolution viel schneller neue gesellschaftliche Probleme geschaffen als alte gelöst werden konnten. So würde es eine lange und schwierige Periode von Versuch und Irrtum brauchen, damit die Technologieanhänger die Macken ihrer Schönen Neuen Welt wieder in Ordnung bringen können (falls sie das jemals tun werden). In der Zwischenzeit wird es viel Leiden geben. Deshalb ist es überhaupt nicht sicher, ob das Überleben der industriellen Gesellschaft weniger Leiden bringen würde als ihr Zusammenbruch. Die Technologie hat die Menschheit in eine Falle geführt, aus der sie wohl nicht so leicht entkommen wird.

DIE ZUKUNFT

171. Nehmen wir nun an, dass die industrielle Gesellschaft die nächsten Jahrzehnte überlebt und das System schließlich von seinen Fehlern weitgehend befreit wird, so dass es reibungslos funktioniert. Was wäre es dann für eine Art von System? Wir wollen verschiedene Möglichkeiten betrachten.

172. Gehen wir zunächst von der Prämisse aus, es sei den Computerwissenschaftlern gelungen, intelligente Maschinen zu entwickeln, die alle Dinge besser können als der Mensch. Es würden wahrscheinlich alle Arbeiten durch umfassende, hochorganisierte Maschinensysteme erledigt, und menschliche Anstrengungen wären nicht mehr notwendig. Dann könnte man entweder zulassen, dass die Maschinen alle Entscheidungen selbst treffen, ohne menschliche Aufsicht, oder aber der Mensch behält die Kontrolle über die Maschinen.

173. Wenn Maschinen ihre eigenen Entscheidungen treffen, kann man über die Folgen keine Mutmaßungen anstellen, weil es unmöglich ist einzuschätzen, wie sich Maschinen verhalten werden. Wir können nur feststellen, dass das Schicksal der Menschheit dann von der Gnade der Maschinen abhinge. Man könnte einwenden, dass die Menschheit niemals so wahnsinnig wäre, all ihre Macht an Maschinen abzugeben. Wir behaupten auch weder, dass die Menschheit ihre Macht freiwillig an die Maschinen abgeben, noch dass die Maschinen den Menschen willentlich die Macht entreißen würden. Aber was wir behaupten, ist, dass die Menschheit möglicherweise in die Situation einer solchen Abhängigkeit von Maschinen geraten kann, so dass sie praktisch keine andere Wahl hat, als alle Entscheidungen der Maschinen zu akzeptieren. Da die Gesellschaft und ihre Probleme immer komplexer und Maschinen immer intelligenter werden, werden die Menschen den Maschinen immer mehr Entscheidungen überlassen, einfach deshalb, weil maschinelle Entscheidungen zu besseren Ergebnissen führen als menschliche Entscheidungen. Schließlich wird man eine Stufe erreichen, auf der zur Systemerhaltung notwendige Entscheidungen so komplex werden, dass Menschen aufgrund ihrer begrenzten Intelligenz nicht mehr in der Lage sein würden, diese Entscheidungen zu treffen. Von diesem Moment an haben die Maschinen die tatsächliche Kontrolle erlangt. Der Mensch kann die Maschinen dann nicht mehr einfach abschalten, weil er so abhängig von ihnen geworden ist, dass Abschalten kollektiven Selbstmord bedeuten würde.

174. Es ist aber andererseits auch möglich, dass der Mensch die Kontrolle über die Maschinen behält. In diesem Fall wird der Durchschnittsbürger die Kontrolle über einige Maschinen in seinem Privatbesitz behalten, über sein Auto oder seinen Computer, aber die Kontrolle über große Maschinensysteme wird in der Hand einer kleinen Elite sein – wie heute auch, jedoch mit zwei Unterschieden. Wegen der fortgeschrittenen Techniken wird die Elite eine umfassendere Kontrolle über die Massen ausüben; und weil menschliche Arbeit nicht mehr notwendig ist, sind die Massen überflüssig, eine nutzlose Bürde für das System. Ist die Elite unbarmherzig, wird sie einfach entscheiden, die Masse der Menschheit zu vernichten. Ist sie human, wird sie mit Hilfe von Propaganda oder anderen psychologischen oder biologischen Techniken die Geburtenrate soweit senken, bis die Masse der Menschheit ausstirbt und die Welt der Elite überlassen bleibt. Sollte die Elite aus weichherzigen Linken bestehen, dann könnte sie entscheiden, die Rolle des guten Hirten zu spielen, der über den Rest der Menschheit wacht. Sie würden dafür sorgen, dass jedermanns physische Bedürfnisse befriedigt werden, dass alle Kinder unter psychologisch hygienischen Bedingungen aufwachsen, dass jeder ein gesundes Hobby pflegt, das ihn beschäftigt, und dass jeder, der unzufrieden ist, sich einer "Behandlung" unterzieht, um sein "Problem" zu lösen. Natürlich wird das Leben dann so sinnlos sein, dass die Menschen biologisch oder psychologisch manipuliert werden müssen, um ihr Bedürfnis nach dem *power process* und nach Selbstverwirklichung durch ein harmloses Hobby zu "sublimieren". Diese manipulierten Menschen mögen in einer solchen Gesellschaft vielleicht glücklich sein, sie sind aber mit Sicherheit nicht frei. Sie sind auf die Stufe von Haustieren gesunken.

175. Nehmen wir nun an, dass die Computerwissenschaft nicht in der Lage sein wird, künstliche Intelligenz zu entwickeln, so dass menschliche Arbeit weiterhin notwendig bleibt. Selbst dann werden Maschinen verstärkt einfache Arbeiten übernehmen und damit einen zunehmenden Überschuss an ungelernten oder unbegabteren menschlichen Arbeitskräften schaffen. (Diese Entwicklung ist bereits heute sichtbar. Es gibt inzwischen viele Menschen, die keine Arbeit finden, weil sie aus intellektuellen oder psychologischen Gründen nicht den nötigen Ausbildungsstand haben, der sie brauchbar für das gegenwärtige System macht.) An diejenigen, die Arbeit haben, werden immer höhere Anforderungen gestellt: Sie benötigen mehr und mehr Ausbildung, mehr und mehr Fähigkeiten, sie müssen noch zuverlässiger, anpassungsfähiger und unterwürfiger werden, weil sie mehr und mehr nur noch wie Zellen in einem riesigen Organismus existieren. Ihr Aufgabenbereich wird immer stärker spezialisiert, so dass sie durch die Konzentration auf ihren winzigen Bereich den Bezug zur Realität verlieren. Das System muss dann alle psychologischen und biologischen Mittel anwenden, um die Menschen so zu manipulieren, dass sie unterwürfig bleiben, die Fähigkeiten entwickeln, die das System erfordert, und dass sie ihren Machttrieb durch eine spezialisierte

Arbeit "sublimieren". Die Behauptung, die Menschen in einer solchen Gesellschaft müssen unterwürfig sein, muss vielleicht eingeschränkt werden. Für die Gesellschaft kann Konkurrenzgeist nützlich sein, vorausgesetzt, man kann ihn in Bahnen lenken, die den Bedürfnissen des Systems dienen. Wir können uns eine zukünftige Gesellschaft vorstellen, in der es endlose Konkurrenzkämpfe um prestigeträchtige Positionen und Macht gibt. Doch werden stets nur sehr wenige die Spitze erreichen und wahre Macht haben (vgl. Abschnitt 163). Eine Gesellschaft, in der jemand seinen Machttrieb nur dadurch befriedigen kann, dass er viele andere aus dem Weg räumen und DEREN Machtstreben vereiteln muss, ist abstoßend.

176. Man kann sich Szenarien ausmalen, in denen Aspekte der hier vorgestellten Möglichkeiten anders verknüpft werden. So wäre es etwa möglich, dass Maschinen vor allem die Arbeiten übernehmen, die wirklich wichtig sind, während die Menschen damit beschäftigt sind, unwichtige Tätigkeiten zu verrichten. Es wurde bereits vorgeschlagen, durch weitere Entwicklung im Dienstleistungssektor mehr Arbeitsplätze zu schaffen. Dann würden die Menschen ihre Zeit damit verbringen, einander die Schuhe zu putzen, einander in Taxis herumzufahren, handwerkliche Arbeiten für einander auszuführen, einander in Restaurants zu bedienen, etc. Dies scheint uns durch und durch menschenunwürdig zu sein, und wir bezweifeln, dass viele Menschen in dieser sinnlosen Beschäftigungstherapie ein erfülltes Leben finden würden. Sie würden dann andere, gefährliche Ventile suchen (Drogen, Verbrechen, Sekten, Hassgruppen), außer man hat sie biologisch oder psychologisch manipuliert, um sie so diesem Leben anzupassen.

177. Es versteht sich von selbst, dass mit den hier aufgezeigten Szenarien nicht alle Möglichkeiten erschöpft sind. Sie sollten nur die uns am wahrscheinlichsten scheinenden Folgen aufzeigen. Wir konnten aber kein plausibles Szenario finden, dass auch nur wenig attraktiver wäre als die, die wir gerade beschrieben haben. Es ist höchst wahrscheinlich, dass das industriell-technologische System, wenn es die nächsten 40 bis 100 Jahre überlebt, bestimmte allgemeine Merkmale entwickelt haben wird: Individuen (zumindest die "Bourgeois", die an das System angepasst sind und es am Laufen halten und die deshalb die Macht ausüben) werden mehr als je zuvor von großen Organisationen abhängig sein; sie werden "angepasster" sein als je zuvor und ihre körperlichen und geistigen Eigenschaften werden in spürbarem Ausmaß (wahrscheinlich in sehr großem Ausmaß) das Resultat künstlicher Manipulationen sein und nicht mehr Ergebnis des Zufalls (oder des göttlichen Willens oder wessen auch immer); und was von der ursprünglichen Natur übriggeblieben sein wird, wird man zum Zwecke wissenschaftlicher Studien unter Aufsicht und Verwaltung von Wissenschaftlern stellen (damit verliert auch dieser Rest seine Ursprünglichkeit). Auf Dauer (einige Jahrhunderte von jetzt an) ist es wahrscheinlich, dass weder die Menschheit noch andere wichtige Lebensformen in der heutigen Form fortbestehen werden, denn wenn Genmanipulation einmal begonnen wurde, gibt es keinen Grund, an einem bestimmten Punkt damit aufzuhören, so dass solange Veränderungen vorgenommen werden, bis der Mensch und andere Lebensformen völlig umgestaltet sein werden.

178. Was immer eintreten mag, eines ist sicher, die Technologie schafft für die Menschen eine neue natürliche und soziale Umwelt, die sich radikal von dem Spektrum der Umwelten unterscheidet, denen die Menschheit sich durch natürliche Auslese physisch und psychisch angepasst hat. Wird der Mensch nicht durch künstliche Manipulation an diese neue Umwelt angepasst, dann wird es durch einen langen, schmerzhaften Prozess der natürlichen Auslese geschehen. Das erstere ist wesentlich wahrscheinlicher als das letztere.

179. Es wäre besser, das ganze verrottete System zu beseitigen und die Folgen zu tragen.

STRATEGIE

180. Die Technologieanhänger nehmen uns alle mit auf eine äußerst leichtsinnige Reise ins Ungewisse. Viele Menschen haben eine Vorstellung davon, was technologischer Fortschritt uns antut, bleiben aber passiv, weil sie ihn für unvermeidlich halten. Aber wir (FC) halten ihn nicht für unvermeidlich. Wir meinen, dass man ihn aufhalten kann und geben hier einige Hinweise dafür, was man dafür tun kann.

181. Wie wir in Abschnitt 166 festgestellt haben, bestehen die beiden Hauptaufgaben gegenwärtig darin, den sozialen Druck und die Instabilität der industriellen Gesellschaft zu verstärken und eine Ideologie zu entwickeln und zu propagieren, die sich gegen die Technologie und das industrielle System richtet. Erst wenn das System ausreichend unter Druck gerät und instabil wird, könnte eine Revolution gegen die Technologie möglich werden. Es wäre dasselbe Muster wie bei der Französischen und der Russischen Revolution. Die französische und die russische Gesellschaft hatten in den Jahrzehnten vor dem Ausbruch ihrer jeweiligen Revolution wachsende Anzeichen von gesellschaftlichem Druck und Schwäche gezeigt. Inzwischen waren neue Ideologien entwickelt worden, die ein neues Weltbild boten, das sich vom alten stark unterschied. In Russland waren Revolutionäre aktiv an der Zerstörung der alten Ordnung beteiligt. Als dann das alte System unter genügend zusätzlichen Druck geriet (in Frankreich durch die Finanzkrise, in Russland durch die militärische Niederlage), wurde es von der Revolution hinweggefegt.

182. Man wird einwenden, dass die französische und die russische Revolution gescheitert sind. Aber die meisten Revolutionen haben zwei Ziele. Eines liegt darin, die alte Gesellschaftsform zu zerstören, und das andere darin, eine neue Gesellschaftsform nach den Visionen der Revolutionäre aufzubauen. Die französischen und russischen Revolutionäre scheiterten (glücklicherweise) darin, die neue Gesellschaft zu errichten, von der sie geträumt hatten, aber sie waren durchaus erfolgreich darin, die alte Gesellschaft zu zerstören. Wir machen uns nicht die Illusion, es wäre durchführbar, eine neue, ideale Form der Gesellschaft aufzubauen. Unser Ziel besteht einzig darin, die existierende Gesellschaft zu zerstören.

183. Doch wenn man für eine Ideologie begeisterte Unterstützung bekommen will, muss sie sowohl ein positives als auch ein negatives Ideal bieten; sie muss FÜR etwas und GEGEN etwas stehen. Das von uns vorgeschlagene positive Ideal ist die Natur. Damit ist die URSPRÜNGLICHE Natur gemeint: die Erde und ihre Lebensformen, die unabhängig von Lenkung, Eingriffen und Kontrolle durch den Menschen existieren. Zur ursprünglichen Natur gehört auch der Mensch, wobei wir die physischen Aspekte des Funktionierens des menschlichen Individuums meinen, die nicht einer Regulierung durch die organisierte Gesellschaft unterliegen, sondern vom Zufall, dem freien Willen oder Gott (je nach religiöser und philosophischer Vorstellung) abhängig sind.

184. Die Natur ist aus verschiedenen Gründen ein perfektes Gegen-Ideal zur Technologie. Natur (die außerhalb der Macht des Systems existiert) ist das Gegenteil von Technologie (die ihre Macht innerhalb des Systems unendlich auszuweiten sucht). Die meisten Menschen werden zugeben, dass Natur schön ist; sie hat eine gewaltige Anziehungskraft. Radikale Umweltschützer vertreten BEREITS eine Ideologie, die die Natur lobpreist und die Technologie ablehnt.[36] Es ist nicht nötig, um der Natur willen eine phantastische Utopie oder eine

36 Ein weiterer Vorteil der Natur als Gegen-Ideal zur Technologie liegt darin, dass die Natur vielen Menschen eine Art religiöser Verehrung einflößt, so dass die Natur vielleicht in religiöser Form angebetet werden könnte. Zwar hat die Religion in vielen Gesellschaften als Rechtfertigung und Stütze der etablierten Ordnung gedient, aber ebenso oft bot Religion die Basis für einen Aufstand. Es wäre also von Nutzen, den Aufstand gegen die Technologie mit einem religiösen Element zu versehen, umso mehr, als die westliche Gesellschaft heute keine starke religiöse Grundlage besitzt. Heutzutage wird die Religion entweder zur billigen und leicht zu durchschauenden Unterstützung von engstirnigem, kurzsichtigem Egoismus genutzt (einige Konservative bedienen sich ihrer auf diese Weise), oder sie wird zynisch missbraucht, um Geld damit zu machen (von vielen Predigern), oder sie ist zu krudem Irrationalismus degeneriert (bei fundamentalistischen protestantischen Sekten), oder aber sie stagniert einfach (im Katholizismus oder im gewöhnlichen Protestantismus). Am nächsten kommt der Vorstellung von einer starken, weitverbreiteten dynamischen Religion noch die Quasi-Religion der linksgerichteten Ideologie, die der Westen jüngst erlebt hat, aber die Linke heute ist zersplittert und hat kein klares, einheitliches, begeisterndes Ziel.
Somit existiert ein religiöses Vakuum in unserer Gesellschaft, das man vielleicht durch eine Religion ausfüllen könnte, in deren Zentrum die Natur als Gegensatz zur Technologie steht. Es wäre allerdings ein Irrtum, wenn man versuchen würde, eine künstliche Religion zusammenzubasteln, die diese Rolle übernimmt. Eine solche erfundene Religion wäre ein Misserfolg. Ein Beispiel dafür ist die "Gaia"-Religion. Glauben ihre Anhänger WIRKLICH daran oder spielen sie bloss Theater? In diesem Fall wäre ihre Religion schließlich ein Flop. Es wäre wohl am besten, nicht den Versuch zu machen, in den Konflikt Natur gegen Technologie die Religion einzuführen, wenn man nicht selbst WIRKLICH an diese Religion glaubt und meint, dass sie auch in anderen Menschen tiefen, starken, echten Anklang finden wird.

neue Gesellschaftsordnung zu entwerfen. Die Natur sorgt für sich selbst: Sie war eine spontane Schöpfung, die lange vor jeder menschlichen Gesellschaftsordnung existiert hat, und zahllose Jahrhunderte lang haben viele verschiedene Gesellschaften im Einklang mit der Natur gelebt, ohne große Zerstörungen anzurichten. Erst durch die industrielle Revolution begannen die Auswirkungen der menschlichen Gesellschaft in der Natur großen Schaden anzurichten. Um die Natur von diesem Druck zu befreien, ist es nicht nötig, ein besonderes Gesellschaftssystem zu schaffen, es reicht, sich von der industriellen Gesellschaft zu befreien. Natürlich werden damit nicht alle Probleme gelöst. Die industrielle Gesellschaft hat der Natur bereits enormen Schaden zugefügt, und es wird sehr lange dauern, bis diese Narben verheilt sind. Außerdem fügen selbst vorindustrielle Gesellschaften der Natur merkbaren Schaden zu. Dennoch wird erst durch das Verschwinden der industriellen Gesellschaft etwas Wesentliches erreicht werden. Es wird den schlimmsten Druck von der Natur nehmen, so dass die Narben verheilen können. Es wird der organisierten Gesellschaft die Fähigkeit nehmen, die Natur immer stärker zu kontrollieren (einschließlich die menschliche Natur). Ganz gleich welche Gesellschaft nach dem Ende der industriellen Gesellschaft entstehen wird, die meisten Menschen werden naturverbunden leben, denn ohne fortgeschrittene Technologie KÖNNEN Menschen nicht anders leben. Um sich zu ernähren, müssen sie Bauern, Hirten, Fischer, Jäger oder ähnliches sein. Die lokale Autonomie wird generell auch zunehmen, denn ohne fortgeschrittene Technologie und schnelle Kommunikation ist die Fähigkeit von Regierungen oder anderen großen Organisationen, lokale Gemeinwesen zu kontrollieren, eingeschränkt.

185. Was die negativen Folgen des Zusammenbruchs der industriellen Gesellschaft angeht – nun ja, man kann nicht das Huhn essen und auch die Eier haben. Um das eine zu bekommen, muss man das andere aufgeben.

186. Viele Menschen fürchten psychologische Konflikte. Deshalb vermeiden sie, ernsthaft über schwierige gesellschaftliche Fragen nachzudenken und ziehen es vor, diese in leicht verständlicher Form, schwarz-weiß-gemalt, präsentiert zu bekommen: DIES ist ganz und gar gut und JENES ist ganz und gar übel. Die revolutionäre Ideologie muss daher auf zwei Ebenen entwickelt werden.

187. Auf der anspruchsvolleren Ebene sollte sie sich an diejenigen richten, die intelligent, nachdenklich und vernünftig sind. Das Ziel sollte sein, eine Kerngruppe von Menschen zu bilden, die sich auf einer rationalen, durchdachten Basis gegen das industrielle System wenden und die sich völlig im Klaren sind über die Probleme und Ambiguitäten, auf die sie treffen werden, sowie über den Preis, der für die Abschaffung des Systems gezahlt werden muss. Es ist besonders wichtig, solche Menschen dafür zu gewinnen, da sie viele Fähigkeiten haben und deshalb andere beeinflussen können. An diese Menschen sollte man sich auf einer möglichst rationalen Ebene wenden. Tatsachen sollten niemals absichtlich verdreht und sprachliche Übertreibungen vermieden werden. Das soll nicht heißen, dass man nicht auch an Gefühle appellieren könne, aber dabei sollte man vermeiden, die Wahrheit zu verfälschen oder das intellektuelle Ansehen der Ideologie auf andere Art zu beschädigen.

188. Auf einer zweiten Ebene sollte die Ideologie in so vereinfachter Weise verbreitet werden, damit auch die gedankenlose Mehrheit den Konflikt Technologie gegen Natur in unzweideutiger Begrifflichkeit versteht. Aber auch auf dieser zweiten Ebene sollte die Ideologie in einer angemessenen Sprache verbreitet werden, unter Verzicht auf primitive, übertriebene oder irrationale Ausdrucksweise, damit die rational denkenden Menschen nicht davon abgestoßen werden. Billige, übertriebene Propaganda kann zwar vorübergehend erstaunlich erfolgreich sein, auf lange Sicht gesehen ist es aber vorteilhafter, die Loyalität einer kleinen Gruppe intelligenter Menschen zu bewahren, als die Leidenschaften des gedankenlosen, unbeständigen Mob zu entfachen, der seine Meinung wieder ändern wird, sobald ein anderer mit besseren Propagandatricks daherkommt. Doch auch Hetzpropaganda kann notwendig sein, wenn der Zeitpunkt des Zusammenbruchs des Systems sich nähert und es zum Endkampf zwischen rivalisierenden Ideologien kommt, der entscheidet, welche von beiden sich behaupten wird, nachdem das alte Weltbild untergegangen sein wird.

189. Vor diesem Endkampf sollten die Revolutionäre nicht erwarten, die Mehrheit auf ihre Seite ziehen zu können. Die Geschichte wird von aktiven, entschiedenen Minderheiten gemacht, nicht von der Mehrheit, die selten eine klare und konsequente Idee ihrer eigenen Wünsche hat. Bevor es zum entscheidenden Durchbruch der Revolution kommt[37], besteht die Aufgabe der Revolutionäre weniger darin, die oberflächliche Unterstützung der Mehrheit zu gewinnen als darin, einen kleinen Kern von wirklich überzeugten Anhängern zu bilden. Bei der Mehrheit ist es ausreichend, sie mit der Existenz der neuen Ideologie bekannt zu machen und sie regelmäßig daran zu erinnern; obwohl es natürlich trotzdem wünschenswert ist, die Unterstützung der Mehrheit zu gewinnen, sofern dies geschehen kann, ohne dadurch den Kern der ernsthaft überzeugten Menschen zu schwächen.

190. Jeder gesellschaftliche Konflikt trägt dazu bei, das System zu schwächen, aber man sollte sich vorsehen, welche Art von Konflikten man unterstützt. Es sollten immer Konflikte zwischen der Masse der Menschen und der die Macht ausübenden Elite der industriellen Gesellschaft (Politiker, Wissenschaftler, wichtige Wirtschafts- und Regierungsvertreter usw.) sein. Es sollten KEINE Konflikte zwischen den Revolutionären und der Masse der Bevölkerung sein. Zum Beispiel wäre es eine schlechte Strategie der Revolutionäre, die Amerikaner wegen ihrer Konsumgewohnheiten zu verurteilen. Vielmehr sollte der Durchschnittsamerikaner als Opfer der Werbe- und Marketingindustrie dargestellt werden, die ihn dazu verführt hat, eine Menge unnötigen Kram zu kaufen, den er nicht benötigt und der nur ein sehr schwacher Trost für den Verlust seiner Freiheit ist. Beide Strategien entsprechen den Tatsachen. Es ist nur eine Frage der Haltung, ob man die Werbeindustrie beschuldigt, die Leute zu manipulieren, oder die Leute dafür, dass sie sich manipulieren lassen. Aus strategischen Gründen sollte man vermeiden, die Leute allgemein zu beschuldigen.

37 Wir setzen voraus, dass es den einen entscheidenden Durchbruch geben wird. Es ist auch denkbar, dass das industrielle System graduell und stückweise abgeschafft wird. Vgl. die Abschnitte 4 und 167 sowie die Anm. 38.

191. Man sollte sich zweimal überlegen, ob man irgend einen anderen gesellschaftlichen Konflikt unterstützt als den zwischen der Machtelite (die die Technologie beherrscht) und der allgemeinen Masse (die durch Technologie beherrscht wird). Zum einen lenken andere Konflikte die Aufmerksamkeit von der wichtigen Auseinandersetzung ab (zwischen Elite und allgemeiner Masse, zwischen Technologie und Natur); zum anderen könnten andere Konflikte die Technologisierung möglicherweise noch vorantreiben, weil beide Konfliktparteien versuchen würden, mit Hilfe der Technologie Vorteile zu erlangen. Das wird bei Auseinandersetzungen zwischen Nationen deutlich oder bei ethnischen Konflikten innerhalb von Nationen. In Amerika zum Beispiel wollen viele schwarze Führer dadurch mehr Macht für die Afro-Amerikaner gewinnen, indem sie versuchen, Schwarze innerhalb der technologischen Machtelite zu platzieren. Sie wollen, dass es möglichst viele schwarze Regierungsbeamte, Wissenschaftler, Firmenmanager usw. gibt. Damit unterstützen sie die Absorption der afro-amerikanischen Kultur ins technologische System. Deshalb sollte man generell nur jene gesellschaftlichen Konflikte unterstützen, die sich im Rahmen des allgemeinen Konflikts Machtelite gegen allgemeine Bevölkerung, Technologie gegen Natur abspielen.

192. Doch um ethnische Konflikte zu lösen, ist militantes Eintreten für Minderheitenrechte NICHT geeignet (vgl. Abschnitte 21 und 29). Statt dessen sollten die Revolutionäre betonen, dass die Benachteiligung, die Minderheiten mehr oder weniger stark erfahren, nur von untergeordneter Bedeutung ist. Unser wirklicher Feind ist das industriell-technologische System, und im Kampf gegen das System sind ethnische Unterscheidungen unbedeutend.

193. Die Revolution, die wir uns vorstellen, muss nicht notwendigerweise ein bewaffneter Aufstand gegen eine Regierung sein. Sie mag physische Gewalt anwenden oder auch nicht, jedenfalls wird es keine POLITISCHE Revolution sein. In ihrem Zentrum stehen Technologie und Wirtschaft, nicht Politik.[38]

38 Es ist sogar (entfernt) denkbar, dass die Revolution nur in einer massiven Haltungsänderung gegenüber der Technologie bestehen würde, die eine stufenweise und relativ schmerzlose Zersetzung des industriellen Systems zur

194. Die Revolutionäre sollten sogar VERMEIDEN, politische Macht zu übernehmen, ob mit legalen oder illegalen Mitteln, bis der Druck auf das industrielle System einen kritischen Punkt erreicht hat und es selbst von der Mehrheit der Bevölkerung als Fehlschlag angesehen wird. Nehmen wir an, dass irgendeine "grüne" Partei im US-Kongress bei den Wahlen die Mehrheit bekommt. Um ihre eigene Ideologie nicht zu verraten oder zu schwächen, müsste sie energische Maßnahmen ergreifen, um das Wirtschaftswachstum stark einzuschränken und die Wirtschaft sogar schrumpfen zu lassen. Dem Durchschnittsbürger würden die Folgen katastrophal erscheinen: Es gäbe Massenarbeitslosigkeit, Engpässe bei der Versorgung usw. Selbst wenn man die schlimmsten Folgen durch übermenschlich geschicktes Management verhindern könnte, müssten die Menschen dennoch eine Menge Luxus aufgeben, an den sie gewöhnt sind. Die Unzufriedenheit würde wachsen, die "grüne" Partei würde abgewählt und die Revolutionäre hätten einen schweren Rückschlag erlitten. Deshalb sollten die Revolutionäre nicht versuchen, politische Macht zu erlangen, bis sich das System von selbst derart desavouiert hat, dass alle Entbehrungen als Folge des Scheiterns des industriellen Systems selbst betrachtet werden und nicht als Folge der Politik der Revolutionäre. Die Revolution gegen die Technologie wird wahrscheinlich eine Revolution von Außenseitern sein müssen, eine Revolution von unten, nicht von oben.

195. Die Revolution muss international und weltweit durchgeführt werden. Sie kann nicht einzeln auf nationaler Basis erfolgen. Wann immer vorgeschlagen wird, dass die Vereinigten Staaten zum Beispiel ihren technologischen Fortschritt oder das Wirtschaftswachstum etwas bremsen sollten, werden die Leute hysterisch und jammern, dass dann die Japaner in der Technologie führend würden. Heilige Roboter! Die Welt würde aus den Angeln gehoben, wenn die Japaner irgendwann mehr Autos verkaufen als wir! (Nationalismus ist ein starker Antrieb für die Technologie.) Etwas rationaler wird auch argumentiert, dass dann Diktatoren schließlich die Welt beherrschen würden,

Folge hätte. Das wäre aber ein ausgesprochener Glücksfall. Es ist viel wahrscheinlicher, dass der Übergang zu einer nicht-technologischen Gesellschaft sehr schwierig und voller Konflikte und Katastrophen sein wird.

wenn die relativ demokratischen Nationen der Welt in der Technologie hinter die bösen, diktatorischen Nationen wie China, Vietnam oder Nordkorea zurückfallen, weil diese sich technologisch weiterentwickeln. Aus diesem Grund muss das industrielle System weltweit in allen Staaten gleichzeitig angegriffen werden, so weit das möglich ist. Es gibt natürlich keine Sicherheit dafür, dass das industrielle System überall auf der Welt annähernd gleichzeitig zerstört werden kann, und es ist sogar denkbar, dass der Versuch, das System zu besiegen, fehlschlägt und es dann von Diktatoren beherrscht wird. Dieses Risiko muss man in Kauf nehmen. Es ist es wert, denn der Unterschied zwischen einem "demokratischen" industriellen System und einem von Diktatoren kontrollierten ist klein im Vergleich zu dem zwischen einem industriellen und einem nicht-industriellen System.[39] Man könnte sogar behaupten, dass ein von einem Diktator kontrolliertes industrielles System vorzuziehen wäre, weil diktatorische Regimes im Allgemeinen weniger effizient sind, also vermutlich schneller zusammenbrechen werden. Man betrachte nur Kuba.

196. Revolutionäre sollten Maßnahmen unterstützen, die auf eine Vereinheitlichung der Weltwirtschaft abzielen. Freihandelsabkommen wie NAFTA und GATT sind wahrscheinlich auf kurze Zeit gesehen schädlich für die Umwelt, könnten aber auf Dauer Vorteile haben, weil sie wirtschaftliche Abhängigkeiten der Staaten untereinander fördern. Es wird leichter sein, das industrielle System weltweit zu zerstören, wenn die Weltwirtschaft so vereinheitlicht ist, dass ihr Zusammenbruch in irgend einem großen Staat zum Zusammenbruch der Wirtschaft in allen Industrienationen führen wird.

197. Manche meinen, dass der moderne Mensch zu viel Macht und Kontrolle über die Natur hat, sie fordern eine passivere Haltung der Menschheit. Aber meistens drücken sich diese Leute unklar aus, denn sie unterscheiden nicht zwischen der Macht GROSSER ORGANISATIONEN und der Macht von EINZELNEN und KLEINEN GRUPPEN. Es ist ein Irrtum, sich

39 Die wirtschaftliche und die technologische Struktur einer Gesellschaft sind für das normale Leben eines Durchschnittsbürgers wesentlich wichtiger als ihre politische Struktur. Vgl. Abschnitte 95 und 119 und die Anm. 19 und 22.

für Machtlosigkeit und Passivität einzusetzen, denn Menschen BRAUCHEN Macht. Der moderne Mensch als kollektive Gesamtheit – das heißt, als industrielles System – hat ungeheure Macht über die Natur, und wir (FC) betrachten das als Übel. Aber moderne INDIVIDUEN und KLEINE GRUPPEN VON INDIVIDUEN haben viel weniger Macht als der primitive Mensch jemals hatte. Im Allgemeinen wird die gewaltige Macht des "modernen Menschen" über die Natur nicht durch Individuen oder kleine Gruppen ausgeübt, sondern durch große Organisationen. Wenn das durchschnittliche moderne INDIVIDUUM noch technologische Macht ausüben kann, ist ihm dies nur in engen Grenzen erlaubt und nur unter Aufsicht und Kontrolle des Systems. (Für alles braucht man eine Genehmigung und mit dieser Genehmigung sind Regeln und Vorschriften verbunden.) Das Individuum hat nur die technologische Macht, die ihm das System zugesteht. Seine PERSÖNLICHE Macht über die Natur ist gering.

198. Der primitive Mensch als INDIVIDUUM und in KLEINEN GRUPPEN hatte tatsächlich beachtliche Macht über die Natur, oder vielleicht besser gesagt INNERHALB der Natur. Wenn der primitive Mensch Nahrung brauchte, wusste er, wie er essbare Wurzeln finden und wie er diese zubereiten konnte, wie man Wild aufspürt und es mit selbstgefertigten Waffen erlegt. Er wusste, wie er sich vor Hitze, Kälte, Regen und gefährlichen Tieren usw. schützen konnte. Aber der primitive Mensch hat der Natur kaum Schaden zugefügt, weil die KOLLEKTIVE Macht der primitiven Gesellschaft im Vergleich zur KOLLEKTIVEN Macht der industriellen Gesellschaft sehr schwach war.

199. Statt für Machtlosigkeit und Passivität zu plädieren, sollte man sich dafür einsetzen, dass die Macht des INDUSTRIELLEN SYSTEMS gebrochen wird, und dass dadurch die Macht und Freiheit des EINZELNEN und der KLEINEN GRUPPEN VERSTÄRKT wird.

200. Bis das industrielle System gänzlich abgewrackt ist, muss die Zerstörung des Systems für die Revolutionäre das EINZIGE Ziel sein. Andere Ziele würden die Aufmerksamkeit und Energie vom Hauptziel ablenken. Und was noch wichtiger ist, wenn die Revolutionäre sich anderen Zielen als der Zerstörung der

Technologie widmeten, würden sie in Versuchung geführt, Technologie als Werkzeug zu benutzen, um diese anderen Ziele zu erreichen. Wenn sie dieser Versuchung nachgeben, werden sie selbst in die technologische Falle geraten, denn die moderne Technologie ist ein einheitliches, eng organisiertes System, so dass man bei dem Versuch, EINIGE Technologien zu bewahren, schließlich gezwungen ist, die MEISTE Technologie zu bewahren, es würde damit enden, dass lediglich einige Technologien symbolisch geopfert würden.

201. Angenommen, die Revolutionäre würden sich beispielsweise für "soziale Gerechtigkeit" einsetzen. Wir kennen die menschliche Natur und wissen, soziale Gerechtigkeit wird sich nicht von selbst, sondern nur mit Zwang einstellen. Um sie zu erzwingen, müssten die Revolutionäre eine zentrale Organisation und Kontrolle beibehalten. Dafür bräuchten sie schnelle und weitreichende Transport- und Kommunikationsmittel, müssten also die Technologie haben, um solche Transport- und Kommunikations-Systeme zu unterstützen. Um arme Menschen mit Nahrung und Kleidung auszustatten, müssten sie landwirtschaftliche und Fabrik-Technologie benutzen. Und so weiter. Der Versuch, soziale Gerechtigkeit zu sichern, würde sie zwingen, das technologische System in weiten Teilen aufrechtzuerhalten. Wir haben nichts gegen soziale Gerechtigkeit einzuwenden, aber sie darf nicht die Anstrengungen behindern, das technologische System loszuwerden.

202. Es wäre hoffnungslos für die Revolutionäre, das System anzugreifen, ohne EINIGE moderne Technologien zu nutzen. Wenigstens müssen sie Kommunikationsmedien nutzen, um ihre Botschaft zu verbreiten. Aber sie sollten die moderne Technologie nur für den EINEN Zweck nutzen: das technologische System zu bekämpfen.

203. Man stelle sich einen Alkoholiker vor, der vor einem Fass Wein sitzt und sich sagt: "Wein ist nicht schlecht, wenn du ihn mit Maßen trinkst. Man sagt sogar, kleine Mengen Wein sind gut. Es wird mir nicht schaden, wenn ich nur ein bisschen trinke ..." Man weiß ja, was geschehen wird. Man darf niemals vergessen, dass es der Menschheit mit der Technologie geht wie einem Alkoholiker mit einem Fass Wein.

204. Revolutionäre sollten so viele Kinder wie möglich bekommen. Es ist wissenschaftlich nachgewiesen, dass soziales Verhalten überwiegend erblich bedingt ist. Das will nicht sagen, dass soziales Verhalten direkt aus den genetischen Anlagen folgt, aber es scheint, dass Charakterzüge einer Persönlichkeit teilweise erblich bedingt sind und dass bestimmte Charakterzüge im Kontext unserer Gesellschaft das soziale Verhalten einer Person mehr in diese oder jene Richtung tendieren lassen. Es gibt Gegenargumente, die aber schwach sind und ideologisch motiviert zu sein scheinen. Jedoch bezweifelt niemand, dass Kinder im Allgemeinen in ihrem sozialen Verhalten ihren Eltern ähnlich sind. Für uns hat es keine große Bedeutung, ob das Verhalten genetisch oder durch Erziehung weitergegeben wird, wichtig ist nur, DASS es weitergegeben wird.

205. Das Problem ist, dass diejenigen, die gegen das industrielle System sind, auch über Bevölkerungsprobleme beunruhigt sind und deshalb nur wenige oder keine Kinder haben. Auf diese Weise aber übergeben sie die Welt den Menschen, die das industrielle System unterstützen oder wenigstens akzeptieren. Um die nächste Generation starker Revolutionäre zu sichern, müssen sie sich vermehren. Dabei werden sie das Problem der Überbevölkerung nur wenig verstärken. Die wichtigste Aufgabe ist, das industrielle System abzuschaffen, denn wenn es einmal verschwunden ist, wird sich die Weltbevölkerung notwendigerweise verringern (vgl. Abschnitt 167); wohingegen das industrielle System, falls es überlebt, neue Techniken der Nahrungsproduktion entwickeln wird, die einen weiteren unaufhörlichen Anstieg der Weltbevölkerung ermöglichen werden.

206. Hinsichtlich einer revolutionären Strategie bestehen wir absolut auf folgenden Punkten: Das ausschlaggebende einzige Ziel muss die Vernichtung der modernen Technologie sein und keine anderen Ziele dürfen damit konkurrieren. Für den Rest sollten die Revolutionäre die Empirie entscheiden lassen. Wenn die Erfahrung zeigt, dass einige der hier gemachten Vorschläge zu keinen guten Ergebnissen führen, sollte man diese Vorschläge verwerfen.

ZWEI ARTEN VON TECHNOLOGIE

207. Man wird gegen unsere Revolution wahrscheinlich argumentieren, dass sie zum Scheitern verurteilt ist, weil (so wird behauptet) Technologie im Verlauf der Geschichte immer fortgeschritten und niemals rückläufig gewesen ist, somit ist ein technologischer Rückschritt unmöglich. Aber diese Behauptung ist falsch.

208. Wir unterscheiden zwei Arten von Technologie, die wir als *small-scale*-Technologie (in kleinem Maßstab) und als Organisationenabhängige Technologie bezeichnen. Die *small-scale*-Technologie kann in kleinen Gemeinschaften ohne äußere Hilfestellung angewendet werden. Die organisationsabhängige Technologie ist von großen gesellschaftlichen Organisationen abhängig. Es sind uns keine bedeutenden Fälle von Rückentwicklungen in der kleinen Technologie bekannt. Aber die Organisationenabhängige Technologie IST rückgängig zu machen, wenn die soziale Organisation, von der sie abhängt, zusammenbricht. Beispiel: Als das Römische Reich zusammenbrach, überlebte die *small-scale*-Technologie der Römer, weil jeder geschickte Dorfhandwerker in der Lage war, zum Beispiel ein Wasserrad herzustellen, jeder geschickte Schmied konnte mit den römischen Techniken Stahl herstellen usw. Aber die organisationsabhängige Technologie der Römer bildete sich zurück. Die Aquädukte verfielen und wurden nie wieder aufgebaut. Ihre Technik des Straßenbaus ging verloren. Das römische System sanitärer Anlagen in den Städten geriet in Vergessenheit, und erst seit recht kurzer Zeit hat man in europäischen Städten wieder sanitäre Anlagen vom Standard derer im Alten Rom.

209. Der Grund dafür, dass Technologie immer fortzuschreiten scheint, liegt darin, dass noch bis zu vielleicht ein oder zwei Jahrhunderten vor der industriellen Revolution die meiste Technologie *small-scale*-Technologie war. Die seit der Industriellen Revolution entwickelte Technologie ist jedoch vor allem organisationsabhängige Technologie. Ein Beispiel dafür ist der Kühlschrank. Ohne industriell vorgefertigte Ersatzteile, Maschinen oder Werkstätten wäre es für normale Handwerker unmöglich, einen Kühlschrank zu bauen. Auch wenn sie wunderbarerweise einen bauen könnten, wäre er ohne eine zuverlässige

Stromquelle nicht zu benutzen. Sie müssten also einen Fluss stauen und einen Generator bauen. Generatoren brauchen viel Kupferdraht. Wie soll man diesen Draht ohne moderne Maschinen herstellen? Und woher soll man dann das notwendige Kühlmittel bekommen? Es wäre viel einfacher, einen Eiskeller zu bauen oder die Nahrung durch Trocknen oder Einlegen haltbar zu machen, wie man es vor der Erfindung des Kühlschranks getan hat.

210. Das heißt aber, dass die Kühlschranktechnologie schnell verloren gehen wird, wenn das industrielle System einmal gänzlich zusammenbricht. Dasselbe gilt für andere organisationsabhängige Technologien. Wenn diese Technologie erst einmal eine Generation lang verloren ist, würde es Jahrhunderte dauern, sie wieder zu entwickeln, wie es Jahrhunderte gedauert hat, sie zum ersten Mal zu entwickeln. Technische Bücher wären dann kaum mehr zu finden. Eine industrielle Gesellschaft ganz von vorne und ohne Hilfe von außen aufzubauen, kann nur stufenweise geschehen: Man braucht dazu Werkzeuge, um Werkzeuge herzustellen, um damit wiederum Werkzeuge herzustellen ... ein langer Prozess wirtschaftlicher Entwicklung und des Fortschritts in der gesellschaftlichen Organisation wäre erforderlich. Und selbst ohne eine technologiefeindliche Ideologie besteht kein Grund zu der Annahme, irgend jemand hätte an einer Wiederherstellung der industriellen Gesellschaft Interesse. Die Begeisterung für den "Fortschritt" ist eine besondere Erscheinung der modernen Gesellschaftsform und scheint vor dem 17. Jahrhundert nicht existiert zu haben.

211. Im späten Mittelalter gab es vier Hauptzivilisationen, die ungefähr gleich "fortgeschritten" waren: Europa, die Islamische Welt, Indien und der Ferne Osten (China, Japan, Korea). Drei dieser Zivilisationen blieben mehr oder weniger unverändert, nur Europa entwickelte sich dynamisch. Niemand kann erklären, warum Europa in dieser Zeit eine solche Dynamik entwickelte; Historiker haben darüber Theorien entwickelt, die aber nur Spekulation sind. Auf jeden Fall wird deutlich, dass eine schnelle Entwicklung zu einer technologischen Gesellschaft nur unter besonderen Bedingungen stattfindet. Deshalb gibt es keinen Grund anzunehmen, ein lang andauernder technologischer Rückschritt wäre undenkbar.

212. Könnte sich die Gesellschaft aber IRGENDWANN erneut in die Richtung einer industriell-technologischen Form entwickeln? Vielleicht, aber das ist kein Grund zur Sorge, da wir die Ereignisse der nächsten 500 oder 1000 Jahre sowieso nicht voraussehen und kontrollieren können. Diese Probleme müssen dann von den Menschen gelöst werden, die in dieser Zeit leben.

DIE GEFAHR DER LINKSGERICHTETEN IDEOLOGIE

213. Weil Linke und andere Menschen dieses psychologischen Typus das Bedürfnis nach Auflehnung und Zugehörigkeit zu einer Bewegung haben, sind sie häufig von rebellischen und militanten Bewegungen angezogen, deren Ziele ursprünglich nicht linksgerichtet sind. Der Zustrom von Linken in eine nicht-linksgerichtete Bewegung kann leicht dazu führen, dass sie in eine linke Bewegung verwandelt wird und damit linke Ziele die eigentlichen Ziele der Bewegung ersetzen oder verdrehen.

214. Um das zu verhindern, muss eine Bewegung, die sich für die Natur und gegen Technologie einsetzt, eine nachdrücklich anti-linke Position einnehmen und jede Zusammenarbeit mit Linken vermeiden. Linksgerichtete Ideologie ist auf die Dauer unvereinbar mit ursprünglicher Natur, menschlicher Freiheit und der Zerstörung moderner Technologie. Linksgerichtete Ideologie ist kollektivistisch, sie versucht die ganze Welt (sowohl die Natur als auch die Menschheit) zu einem einheitlichen Ganzen zu verbinden. Aber das erfordert die Verwaltung von Natur und menschlichem Leben durch eine organisierte Gesellschaft, und es erfordert eine fortgeschrittene Technologie. Man kann ohne schnelle Verkehrssysteme und Kommunikation die Welt nicht vereinheitlichen; man kann ohne die Anwendung hochentwickelter psychologischer Techniken die Menschen nicht dazu bringen, einander zu lieben; man kann ohne technologische Grundlage keine "geplante Gesellschaft" errichten. Vor allem aber liegt der Antrieb der Linken in ihrem Streben nach Macht auf kollektiver Basis, durch Identifikation mit einer Massenbewegung oder einer Organisation. Die linksgerichtete Ideologie wird niemals auf Technologie verzichten, weil Technologie eine zu wertvolle Quelle kollektiver Macht bedeutet.

215. Auch der Anarchist[40] strebt nach Macht, aber er versucht sie als individuelle Persönlichkeit oder kleine Gruppe zu erlangen; er will, dass der einzelne und kleine Gemeinschaften in der Lage sind, ihre eigenen Lebensumstände zu kontrollieren. Seine anti-technologische Haltung resultiert aus der Erkenntnis, dass Technologie kleine Gemeinschaften von großen Organisationen abhängig macht.

216. Manche Linke wenden sich scheinbar gegen Technologie, aber sie sind nur solange dagegen, wie sie selbst Außenseiter sind und das technologische System von Nicht-Linken kontrolliert wird. Sollte aber die linksgerichtete Ideologie jemals eine führende Rolle in der Gesellschaft übernehmen, so dass das technologische System nun ein Werkzeug in den Händen der Linken wäre, würden sie begeistert Gebrauch davon machen und seine Entwicklung fördern. So würde sich ein Muster wiederholen, das linksgerichtete Ideologie in der Vergangenheit immer wieder gezeigt hat. Solange die Bolschewisten in Russland Außenseiter waren, bekämpften sie energisch die Zensur und Geheimpolizei, setzten sich für Selbstbestimmung ethnischer Minderheiten ein usw.; aber sobald sie selbst an die Macht kamen, führten sie eine strengere Zensur ein und schufen eine unbarmherzigere Geheimpolizei als unter dem Zaren existiert hatte, und sie unterdrückten die ethnischen Minderheiten mindestens so stark wie zur Zarenzeit. Als in den Vereinigten Staaten vor ein paar Jahrzehnten die Linken eine Minderheit an den Universitäten waren, waren linksgerichtete Professoren eifrige Verfechter der akademischen Freiheit, aber heute nehmen sie an den Universitäten, an denen Linke dominieren, je-

40 Diese Behauptung bezieht sich auf einen Anarchismus nach unserem besonderen Verständnis. Eine Reihe von sehr verschiedenen gesellschaftlichen Einstellungen wurden als "anarchistisch" bezeichnet, möglicherweise werden auch viele, die sich selbst zu den Anarchisten zählen, unsere Behauptung nicht akzeptieren. Auch sei angemerkt, dass es eine gewaltlose anarchistische Bewegung gibt, deren Mitglieder FC wahrscheinlich nicht als Anarchisten anerkennen würden und sicherlich auch die gewalttätigen Methoden von FC nicht für angemessen halten.

dem anderen die akademische Freiheit. (Das bedeutet "political correctness".) Dasselbe würde mit Linken und Technologie geschehen: Wenn sie sie je unter ihre Kontrolle bringen, würden sie sie benutzen, um jeden anderen zu unterdrücken.

217. In früheren Revolutionen haben die besonders machtgierigen Linken wiederholt zuerst mit den nicht-linksgerichteten Revolutionären zusammengearbeitet, genauso wie mit Linken libertärer Ausrichtung, und später haben sie dann ein falsches Spiel getrieben, um die alleinige Macht an sich zu reißen. Robespierre in der Französischen Revolution, die Bolschewisten in der Russischen Revolution, die Kommunisten in Spanien 1938 und Castro und seine Anhänger in Kuba. Betrachtet man die Geschichte der Linken, wären nicht-linksgerichtete Revolutionäre dumm, wenn sie heute mit den Linken zusammenarbeiten würden.

218. Verschiedene Denker haben darauf hingewiesen, dass linksgerichtete Ideologie eine Art von Religion ist. Sie ist keine Religion im eigentlichen Sinn, weil die linksgerichtete Lehre nicht die Existenz eines übernatürlichen Seins postuliert. Aber für den Linken hat die linksgerichtete Ideologie psychologisch eine ähnliche Bedeutung wie die Religion für andere Menschen. Der Linke MUSS an linksgerichtete Ideologie glauben, das spielt für sein psychologisches Gleichgewicht eine lebenswichtige Rolle. Seine Glaubensvorstellungen können durch Logik oder Tatsachen nicht leicht verändert werden. Er ist der tiefen Überzeugung, dass linksgerichtete Ideologie moralisch Richtig ist, mit einem großgeschriebenen R, und dass er nicht nur das Recht, sondern auch die Pflicht hat, an alles die Maßstäbe der linksgerichteten Moral zu setzen. (Viele, die wir hier "Linke" nennen, sehen sich selbst nicht als Linke an und würden ihr Glaubenssystem nicht als linksgerichtete Ideologie beschreiben. Wir benutzen den Begriff "linksgerichtete Ideologie", weil wir keinen besseren Ausdruck gefunden haben, um das Spektrum der einander verwandten Ansichten zu bezeichnen, die die feministische, Schwulen-, "p.c."-Bewegungen u.ä. einschließen, und auch weil diese Bewegungen eine starke Verbundenheit zur alten Linken haben (vgl. Abschnitte 227-230).

219. Linksgerichtete Ideologie ist eine totalitäre Kraft. Wo immer linksgerichtete Ideologie die Macht erlangt hat, versucht sie jeden Winkel der Privatsphäre zu durchdringen und jeden Gedanken in ein linksgerichtetes Schema zu pressen. Das hat teilweise mit dem quasi-religiösen Charakter der linksgerichteten Ideologie zu tun: Alles was der linksgerichteten Ideologie entgegen steht, ist Sünde. Vor allem aber aufgrund des Machtstrebens der Linken ist linksgerichtete Ideologie eine totalitäre Kraft. Der Linke sucht sein Bedürfnis nach Macht durch Identifikation mit einer gesellschaftlichen Bewegung zu befriedigen, und er versucht den *power process* dadurch zu durchlaufen, dass er mithilft, die Ziele der Bewegung zu verfolgen und zu erreichen (vgl. Abschnitt 83). Aber ganz gleich, wie viele Ziele die Bewegung schon erreicht hat, der Linke wird niemals zufrieden sein, weil seine Aktivitäten Ersatzhandlungen sind (vgl. Abschnitt 41). Das bedeutet, die wirklichen Motive des Linken liegen nicht im Erreichen der angeblichen Ziele der linksgerichteten Ideologie; in Wirklichkeit ist er durch das Machtgefühl motiviert, das er empfindet, wenn er für ein gesellschaftliches Ziel kämpft und dieses erreicht.[41] Infolgedessen ist der Linke niemals mit den Zielen zufrieden, die er erreicht hat; er braucht für den *power process* immer neue Ziele. Der Linke fordert Chancengleichheit für Minderheiten. Hat er diese erreicht, besteht er auf statistischer Verteilung der Leistungen der Minderheiten. Und solange irgend jemand verdächtig ist, eine negative Haltung gegenüber Minderheiten zu hegen, muss der Linke ihn umerziehen. Und ethnische Minderheiten sind nicht genug; es darf auch niemand eine negative Haltung gegenüber Homosexuellen, Behinderten, fetten, alten, hässlichen Menschen usw. usw. einnehmen. So genügt es nicht, die Öffentlichkeit über die Schädlichkeit des Rauchens zu informieren; es muss außerdem noch eine Warnung auf jede Zigarettenpackung gestempelt werden. Dann muss man Zigarettenreklame einschränken, wenn nicht sogar verbieten. Die Aktivisten werden sich damit nicht zufriedengeben bis Tabak überhaupt verboten sein wird, und danach kommt der Alkohol dran, dann Fast Food usw. Aktivisten haben gegen schwere Kindesmisshandlung gekämpft, was verständlich war. Aber jetzt wollen sie jeden Klaps

41 Viele Linke sind auch durch Feindseligkeit getrieben, aber die Feindseligkeit entsteht wohl teilweise aus dem frustrierten Bedürfnis nach Macht.

verbieten. Wenn sie damit fertig sind, werden sie etwas anderes verbieten lassen wollen, das ihnen ungesund erscheint, und danach wieder etwas anderes. Sie werden sich niemals zufrieden geben, bis sie die Kontrolle über die gesamte Kindererziehung haben. Und danach werden sie sich eine andere Sache vornehmen.

220. Nehmen wir an, man würde Linke auffordern, eine Liste ALLER Dinge anzufertigen, die ihrer Meinung nach in der Gesellschaft falsch sind, und JEDE Änderung durchführen, die sie fordern. Dann könnte man mit Sicherheit sagen, dass die Mehrheit der Linken ein paar Jahre später wieder etwas findet, worüber sie sich beschweren könnte, ein neues soziales "Übel", das behoben werden muss; denn, noch einmal, es geht dem Linken weniger um Missstände in der Gesellschaft als um das Bedürfnis, seinen Machttrieb zu befriedigen, indem er der Gesellschaft seine Lösungen aufzwingt.

221. Wegen der Einschränkungen, die sie ihren Gedanken und ihrem Verhalten auferlegen, können viele überangepasste Linke ihren Machttrieb nicht wie andere Menschen verfolgen. Ihr Machtstreben findet deshalb ein moralisch akzeptables Ventil nur im Kampf für die Verbreitung ihrer Moralvorstellungen.

222. Linke, insbesondere die überangepassten Linken, sind wahre Gläubige oder Fanatiker im Sinne des Buches von Eric Hoffer, *The True Believer* (auf deutsch *Der Fanatiker*). Aber nicht alle Fanatiker haben das gleiche Psychogramm wie die Linken. Vermutlich unterscheidet sich ein fanatischer Nazi psychologisch stark von einem fanatischen Linken. Wegen ihrer Fähigkeit zur unbeirrbaren Hingabe an eine Sache sind Fanatiker für jede revolutionäre Bewegung nützlich, vielleicht sogar notwendig. Dies wirft ein Problem auf, das wir zugegebenermaßen nicht lösen können. Wir sind nicht sicher, wie man die Energien der Fanatiker in einer Revolution gegen die Technologie nutzbar machen kann. Zum jetzigen Zeitpunkt können wir nur sagen, dass kein Fanatiker ein zuverlässiger Rekrut für die Revolution ist, wenn nicht sein einziges Ziel die Zerstörung der Technologie ist. Hat er dagegen auch andere Ideale, dann kann es sein, dass er Technologie als ein Werkzeug gebrauchen wird, um diese anderen Ideale zu erreichen (vgl. Abschnitte 220-221).

223. Einige Leser werden vielleicht sagen: "Dieses Zeug über linksgerichtete Ideologie ist ein ziemlicher Blödsinn. Ich kenne den und den, der ist links und weit entfernt von solch totalitären Tendenzen." Natürlich sind viele Linke, wahrscheinlich sogar die Mehrheit von ihnen, anständige Menschen, die ehrlich glauben, die Wertvorstellungen anderer zu tolerieren (bis zu einem gewissen Punkt jedenfalls), und die keine eigenmächtigen Methoden zur Durchsetzung ihrer gesellschaftlichen Ziele anwenden wollen würden. Unsere Anmerkungen über linksgerichtete Ideologie sollen auch nicht für jeden einzelnen Linken gelten, sondern den allgemeinen Charakter linksgerichteter Ideologie als einer Bewegung beschreiben. Und der allgemeine Charakter einer Bewegung ist nicht notwendigerweise von der zahlenmäßigen Größenordung derjenigen Menschen bestimmt, die dieser Bewegung angehören.

224. Die Menschen, die in den linken Bewegungen in Machtpositionen aufsteigen, sind meist Linke vom besonders machtbesessenen Typus, denn machtbesessene Menschen kämpfen am stärksten um Machtpositionen. Wenn dieser machtbesessene Typus einmal die Kontrolle über die Bewegung erlangt hat, werden zwar viele Linke von weicherem Charakter innerlich viele Aktionen der Führer ablehnen, sich aber nicht dazu durchringen können, auch dagegen zu opponieren. Sie BRAUCHEN ihren Glauben an die Bewegung, und weil sie diesen Glauben nicht aufgeben können, folgen sie den Führern. Es stimmt, dass EINIGE Linke den Mut haben, sich den auftretenden totalitären Strömungen zu widersetzen, aber meistens verlieren sie, denn die Machtbesessenen sind besser organisiert, skrupelloser und machiavellistischer, sie haben sich vorsorglich eine starke Machtgrundlage aufgebaut.

225. Diese Erscheinung hat man deutlich in Russland und anderen Staaten gesehen, in denen die Linken an der Macht waren. Ähnlich haben die westlichen Linken vor dem Zusammenbruch des Kommunismus in der Sowjetunion diesen Staat selten kritisiert. Wenn man hartnäckig fragte, gaben sie zu, dass die UdSSR viele falsche Dinge getan hat, versuchten dann aber

Entschuldigungen für die Kommunisten zu finden und begannen über die Fehler des Westens zu sprechen. Immer waren sie gegen westlichen militärischen Widerstand gegen eine eventuelle kommunistische Aggression. So protestierten die Linken in der ganzen Welt heftig gegen die US-Militäraktionen in Vietnam, als aber die Sowjetunion in Afghanistan einmarschierte, taten sie nichts dergleichen. Nicht, dass sie das Vorgehen der Sowjets gebilligt hätten; aber wegen ihres linken Glaubens konnten sie es nicht ertragen, sich kritisch gegen den Kommunismus zu wenden. Heute gibt es an denjenigen unserer Universitäten, an denen die "political correctness" herrscht, wahrscheinlich viele Linke, die persönlich gegen diese Unterdrückung der akademischen Freiheit sind, sich aber unterordnen.

226. So kann die Tatsache, dass viele Linke persönlich tolerant und nachgiebig sind, nicht verhindern, dass die linksgerichtete Ideologie als ganzes eine totalitäre Richtung nimmt.

227. Unsere Diskussion über linksgerichtete Ideologie hat eine ernsthafte Schwäche. Es bleibt noch immer unklar, was wir mit dem Wort meinen. Daran können wir wohl nicht viel ändern. In der heutigen Zeit ist linksgerichtete Ideologie in ein ganzes Spektrum von aktivistischen Bewegungen aufgesplittert. Dabei sind nicht alle aktivistischen Bewegungen links, und einige dieser Bewegungen (z.B. die radikale Umweltbewegung) scheinen sowohl Persönlichkeiten vom linken Typ als auch durch und durch nicht-linksgerichtete Persönlichkeiten, die wissen müssten, dass man mit Linken besser nicht zusammenarbeitet, anzuziehen. Verschiedene Typen von Linken gehen allmählich über in verschiedene Typen von Nicht-Linken, und wir selbst hätten oft Schwierigkeiten zu entscheiden, ob eine bestimmte Person als Linker bezeichnet werden kann oder nicht. Soweit eine Definition also überhaupt möglich ist, ist unser Konzept der linksgerichteten Ideologie hier dargestellt und wir können dem Leser nur raten, nach seinem eigenen Urteilsvermögen zu entscheiden, wer ein Linker ist.

228. Es kann aber hilfreich sein, einige Kriterien an die Hand zu geben, um linksgerichtete Ideologie diagnostizieren zu können. Diese Merkmale müssen nicht strikt und immer auftreten.

Auf einige Personen werden einige dieser Merkmale zutreffen, ohne dass sie Linke sind; dafür werden sie einigen Linken fehlen. Man sollte also nach eigenem Ermessen urteilen.

229. Der Linke ist auf weitreichenden Kollektivismus ausgerichtet. Er betont die Pflicht des einzelnen, der Gesellschaft zu dienen und die Pflicht der Gesellschaft, für den einzelnen zu sorgen. Im Individualismus sieht er etwas Negatives. Er nimmt gerne einen moralisierenden Ton an. Er ist im Allgemeinen für Kontrolle von Waffen, sexuelle Aufklärung und andere psychologisch "aufgeklärte" Erziehungsmethoden, für Gesellschaftsplanung, für gezielte Förderung von Minderheiten, für Multikulturalismus. Er neigt dazu, sich mit Opfern zu identifizieren. Er ist gegen Wettbewerb und gegen Gewalt, aber er findet meist Entschuldigungen für die Linken, die Gewalt anwenden. Er benutzt gerne allgemeine Schlagwörter der Linken wie "Rassismus", "Sexismus", "Homophobie", "Kapitalismus", "Imperialismus", "Neokolonialismus", "Genozid", "gesellschaftliche Veränderungen", "soziale Gerechtigkeit", "gesellschaftliche Verantwortung". Am besten kann man linksgerichtete Ideologie vielleicht an ihrer Neigung erkennen, mit den folgenden Bewegungen zu sympathisieren: Feminismus, Schwulenbewegung, Bewegungen für die Rechte ethnischer Minderheiten, Political Correctness. Jeder, der stark mit ALLEN diesen Bewegungen sympathisiert, ist mit großer Sicherheit ein Linker.[42]

230. Die gefährlicheren Linken, die Machtbesessenen, erkennt man meistens an ihrer Arroganz oder an ihrem dogmatischen Verhältnis zur Ideologie. Doch der gefährlichste Linke ist der überangepasste Typus, der es vermeidet, verunsichernde Aggressivität zur Schau zu stellen und sich zu seiner linksgerich-

42 Wir möchten betonen, dass hier jemand gemeint ist, der mit diesen BEWEGUNGEN, wie sie heute in unserer Gesellschaft bestehen, sympathisiert. Jemand, der glaubt, dass Frauen, Homosexuellen usw. gleiche Rechte zustehen, ist nicht notwendigerweise ein Linker. Die feministische, Schwulen- usw. -bewegung, die heute in unserer Gesellschaft existieren, haben diesen besonderen ideologischen Ton, der linksgerichtete Ideologie charakterisiert, und wenn man zum Beispiel für die Gleichberechtigung von Frauen ist, folgt daraus nicht notwendigerweise, dass man mit der feministischen Bewegung, wie sie heute existiert, sympathisiert.

teten Ideologie nicht offensiv bekennt, dafür aber im Stillen und unauffällig kollektivistische Werte, "aufgeklärte" psychologische Methoden der Kindererziehung, Abhängigkeit des einzelnen von der Gesellschaft usw. fördert. Diese Krypto-Linken (wie wir sie nennen wollen) sind gewissen bourgeoisen Charakteren ähnlich, soweit es um praktische Aktionen geht, sie unterscheiden sich aber von jenen in Psychologie, Ideologie und Motivation. Der normale Bourgeois versucht, andere unter die Kontrolle des Systems zu bringen, um seine Lebensweise zu bewahren, oder einfach nur, weil er konventionell eingestellt ist. Der Krypto-Linke versucht, Menschen unter die Kontrolle des Systems zu bringen, weil er ein Fanatiker der kollektivistischen Ideologie ist. Der Krypto-Linke unterscheidet sich von dem normalen Linken des überangepassten Typus dadurch, dass seine aufrührerischen Impulse schwächer sind und er zuverlässiger sozialisiert ist. Er unterscheidet sich von dem gewöhnlich gut sozialisierten Bourgeois dadurch, dass er innerlich einen großen Mangel fühlt, der ihn dazu bringt, sich einer Sache völlig zu widmen und im Kollektiv aufzugehen. Und vielleicht ist sein (gut sublimiertes) Machtbedürfnis stärker als das des Durchschnitts-Bourgeois.

ABSCHLUSSBEMERKUNG

231. Im Verlaufe dieser Abhandlung haben wir ungenaue Aussagen gemacht und Aussagen, die nur unter Vorbehalt und Einschränkung gelten; und manche unserer Darstellungen mögen schlicht falsch sein. Mangel an genügender Information und der Zwang zur Kürze machten es unmöglich, unsere Behauptungen genauer auszuführen und alle nötigen Einschränkungen vorzunehmen. Und in einer solchen Erörterung muss man sich selbstverständlich stark auf intuitives Ermessen verlassen, das sich mitunter als falsch erweist. Deshalb behaupten wir nicht, dass es sich in der vorliegenden Abhandlung um mehr als eine ungefähre Annäherung an die Wahrheit handelt.

232. Gleichwohl sind wir überzeugt, dass die allgemeinen Umrisse des Bildes, das wir hier gezeichnet haben, zutreffen. Nur ein möglicher Schwachpunkt muss angeführt werden. Wir haben die linke Ideologie in ihrer modernen Form als ein besonderes Phänomen unserer Zeit und als ein Symptom der Störung des *power process* dargestellt. Es könnte aber sein, dass wir uns hier irren. Überangepasste Charaktere, die zur Befriedigung ihres Machtstrebens anderen ihre eigenen moralischen Anschauungen aufzwingen wollen, gab es sicher auch schon in früheren Zeiten. Aber wir DENKEN, dass die entscheidende Rolle, die Minderwertigkeitsgefühle, geringe Selbstachtung, Machtlosigkeit und Identifikation mit Opfern spielen, eine Besonderheit der modernen linksgerichteten Ideologie ist. Auch in der linken Bewegung des 19. Jahrhunderts und im frühen Christentum gab es eine Identifikation mit Opfern durch Menschen, die selbst keine Opfer waren, aber soweit wir beurteilen können, waren die Symptome des geringen Selbstvertrauens usw. lange nicht so offensichtlich in diesen Bewegungen, wie sie sich in der modernen linksgerichteten Ideologie äußern. Wir sind aber nicht in einer Position, um mit Sicherheit behaupten zu können, es habe keine solchen Bewegungen vor der modernen linksgerichteten Ideologie gegeben. Das ist eine bedeutende Frage, der sich die Historiker widmen sollten.

Inhalt